宗教改革期の
芸術世界

上智大学キリスト教文化研究所 編

LITHON

まえがき

神を知らない人々は皆、生来むなしい。
彼らは目に見えるよいものを通して、
　存在そのものである方を知ることができず、
作品を前にしても作者を知るに至らなかった。
かえって火や風や素早く動く空気、
星空や激しく流れる水、
天において光り輝くものなどを、
　宇宙の支配者、神々と見なした。
その美しさに魅せられて
それらを神々と認めたなら、

それらを支配する主が
　どれほど優れているかを知るべきだった。
美の創始者がそれらを造られたからである。
もし宇宙の力と働きに心を打たれたなら、
天地を造られた方がどれほど力強い方であるか、
それらを通して知るべきだったのだ。
造られたものの偉大さと美しさから推し量り、
それらを造った方を認めるはずなのだから。（知恵の書一三1—5）

芸術の根底にあるもの、それは、美に対する人間の憧れではないだろうか、とそう思う。この場合の美とは、真・善・美が一つとなったときの美にほかならない。それゆえ、この美は、感性的・知的・霊的次元から捉えることができる。感性的とは感覚によって、知的とは理性によって、そして霊的とは魂あるいはいのちによって、という意味である。

あらゆる美の根源には、〝秩序〟がある。この〝秩序〟はまた「調和」でもあり、個人

において は「安らぎ」、共同体・社会においては「平和」となる。「平和とは秩序の静けさ(Tranquillitas ordinis)である」――と、アウグスティヌスは語る。

美そのものの創始者は、神である。その神は、自らが造られたすべてのものをご覧になって、良しとされた(創世記一章)。人間は、とりわけ、神の似姿として造られている。それゆえ、人間の営みも、本来は、美を目指したものであるだろう。また、美によって、自らのいのちも整えられるだろう。

昨年(二〇一七年)、私たちは、マルティン・ルターによる『九五箇条提題』の提示、五〇〇周年を迎えた。これを起因に宗教改革は始まり、プロテスタント諸派が生まれ、さらに、それに抗するようにして、カトリック側から対抗宗教改革が始まった。それは、キリスト教史において、最も際立った出来事の一つである。そこで、当研究所では、今年度の聖書講座を「宗教改革期の芸術世界」と題して開催した。本書は、この講座に基づいている。

中島智章氏は、「宗教改革期の教会建築」というタイトルで、一六世紀の西洋世界における教会建築について、カトリック、プロテスタント両方面から論ずる。同時期は、西洋建築史においては、盛期ルネサンス、後期ルネサンス（マニエリスム）にあたる。代表的人物としては、ブラマンテ、ミケランジェロ、そして、パラーディオなどを挙げることができる。同時にまた、フランスやその他の地域では、中世以来のゴシック建築の伝統が根強く続いていた。これらは、ほとんどすべてカトリック教会のものだった。一方、ルター派やカルヴァン派などのプロテスタントにおける教会建築においては、新築よりもカトリック教会堂の転用例がはるかに多い。氏はまた、カトリックの巨匠たちによる、ローマのサン・ピエトロ大聖堂やイル・ジェズ教会堂など、ルネサンスの新築教会堂とその様式的特徴を概観するとともに、プロテスタントにおける転用例として、ジュネーヴ大聖堂、ハイデルベルクの聖三位一体教会堂、そして、ライプツィヒの聖トーマス教会堂などを紹介する。

児嶋由枝氏は、「トレント公会議とカトリック美術——奇蹟の聖母像を中心に——」というタイトルで、まず一六世紀における美術を概観し、次いで、「雪の聖母」と「ロレートの聖母」の二つの聖母像について考察する。前者は、ローマのサンタ・マリア・マジョーレ聖堂の建造にあたって現れた奇蹟に登場する聖母である。一方、後者は、イタリア中部の町ロレートに〝聖なる家〟をもたらした奇蹟に現われる聖母である。カトリック教会は、トレント公会議第二五会議（一五六三年）において、改めて、礼拝や教化における聖像の重要性を確認した。聖像においては、聖人の受難や奇蹟が多く描かれた。その背景には、聖人に対する崇敬があるが、同時にまた、それらは、奇蹟を否定するプロテスタントを意識したものでもあった。

礒山雅氏は、「バッハ《ヨハネ受難曲》受難の道筋」というタイトルで、上演される度に変遷を経た《ヨハネ受難曲》について、その神学的背景とともに論ずる。宗教改革から二〇〇年余、ドイツのルター派地域では、ルターの「神の賜物」(Donum Dei) という評価に基づいて、音楽に大きな発展が見られた。その中でも、特に際立った発展を見せたのが、受難曲である。その頂点は、バッハの《マタイ受難曲》と《ヨハネ受難曲》である。

《ヨハネ受難曲》の変遷において、問題となるのは、「福音書記者の調和」という観点である。それは、四つの福音書は、お互いに補い合うものとして相互参照する、というものである。調和テキストの伝統は古くから存在するが、ルター派では、ブーゲンハーゲンの受難と復活に関するテキストが権威を持っており、礼拝にも深く浸透した。その影響は、音楽においても多く見ることができる。氏は、その系譜をたどりながら、バッハが、その伝統にどのように相対したか、また、それが《ヨハネ受難曲》にどのような影響を与えたのか、最新の研究に基づきながら論ずる。

＊礒山雅先生は、二〇一八年一月二七日、雪のため足を滑らせ転倒。入院されましたが、二月二二日、外傷性頭蓋内損傷のため逝去されました。享年七一歳。前年一〇月、先生は、博士論文「バッハの《ヨハネ受難曲》――その前提、環境、変遷とメッセージ――」を完成し、国際基督教大学に提出。幸い、転倒の前日に口述試験を終えられており、ご遺族が代理で博士号を授与されました。この場を借りて、先生のご冥福をお祈り申し上げます。

むらさきも濃し白も濃し花菖蒲

京《きょう》極《ごく》杜《と》藻

キリスト教文化研究所所長　竹内修一

宗教改革期の芸術世界

目次

まえがき……竹内修一……1
宗教改革期の教会建築……中島智章……13
トレント公会議と美術
——奇蹟の聖母像と聖地ロレート——……児嶋由枝……71

二〇一七年度　聖書講座　シンポジウム
宗教改革期の芸術世界……提題者　中島　智章／児嶋　由枝／磯山　雅
司会　竹内　修一……109
執筆者紹介……147

宗教改革期の教会建築

中島 智章

はじめに

本稿では「宗教改革期」の教会建築の諸相を紹介する。ここでいう「宗教改革期」とは具体的にいつからいつまでなのだろうか。本稿の基となったシンポジウム「宗教改革期の芸術世界」では一六世紀半ばのトレント公会議から一八世紀前半のバッハの時代までが取り上げられている。西洋建築史において、一六世紀初頭以来の「宗教改革」によるプロテスタント諸派の勃興と同時代の「カトリック改革」の進展を背景とした、一六世紀から一八世紀半ばの建築はバロック建築といわれており、上記の動きと同時代のマニエリスム建築と併せると、一六世紀半ばから一八世紀前半という時代の範囲は、概ね、西洋建築史における「様式」の枠組みと合致する。それゆえ、本稿では「宗教改革期の教会建築」を一六世紀後半のマニエリスムの教会建築と一七世紀から一八世紀前半にかけてのバロックの教会建築のこととし、カトリック、ルター派、改革派それぞれの動きを紹介する。なお、本稿には教会建築に関わる建築用語、一般建築用語が頻出するので、末尾に建築用語解説を付すこととする。

一　バロック建築の誕生へ

建築物、それもある程度の規模の公共的な性格を持った建築物が世に現れるにあたっては、建築家（職能として確立していれば）だけではなく、施主側や施工側、あるいはその建築物の建設に直接の関わりを持たない様々な人々や団体群が、多様な立場から多様な意見を表明し影響を与えていく。また、完成した後も、その建築物を産み出した時代や社会が変化すれば、その変化の影響を受けていくだろう。それゆえ、建築物はそれが生まれた時代と社会の縮図ともいえる。一方、建築物が時代や社会に及ぼす影響力についてはどうだろうか。たしかに、一度この世に現れた建築物は、その後も様々な形、たとえば、先駆的な建築物が別の建築物のデザインに影響を与えるなどの形で、時代や社会に影響を与えていくことはあるだろう。しかし、ある建築物が時代と社会を主導していくという側面よりは、時代と社会の縮図としての建築物という側面が優っているように思われる。このような視点から西洋建築史をみるとき、時代や社会を新たな方向に動かしていくような影響力を発揮した建築物となると、それほど数多くは挙がらない。そのような中、現在建っているサン・ピエトロ・イン・ヴァティカーノ使徒座聖堂（Basilica di San Pietro in Vaticano）は随一のものだろう。少なくとも名目上は、この新聖堂の建設が「宗教改革」の引き金を引いたといってもよいのだから。

もともと、サン・ピエトロ教会堂は、四世紀に聖ペトロの墓所と伝わる場所に建立された初期キリスト教時代の殉教者記念教会堂であり、当時最大級のバシリカ形式の教会堂だった。当初、ローマ教皇の椅子たる「使徒座」はここには置かれていなかったが、一四世紀のいわゆる教皇の「アヴィニョン捕囚」期（1309-77）を経た後、教皇の居館がラテラーノ宮殿ではなくバチカン宮殿に置かれるようになってからサン・ピエトロ教会堂が使徒座を有するようになった。一五世紀半ば以降、使徒座聖堂にふさわしい新聖堂建立の動きが徐々に活発となり、ついにアレクサンデル六世（Alexander VI, 1431-1503）は旧聖堂を取り壊した。現在の聖堂はユリウス二世（Julius II, 1443-1513）がブラマンテ（Donato BRAMANTE, 1444-1514）に依頼した新聖堂計画に端を発している。この計画のコンセプトは規模の上でも古代ローマ建築を凌駕することであり、交差部（crossing）直上にはパンテオン（Pantheon）の半球形ドームにせまる規模の直径約四二メートルのドームが架けられるという壮大なものだった。一五一五年のレオ一〇世（Leo X, 1474-1521）による贖宥状発行は、少なくとも名目上はこの新聖堂の建設費の捻出だったのである。一般的にはこれが一五一七年のヴィッテンベルク（Wittenberg）におけるマルティン・ルター（Martin LUTHER, 1483-1546）の「九五ヶ条の論題」につながったといわれており、そうであるならば、サン・ピエトロ使徒座聖堂の建設が、一六世紀の大きな歴史の流れを生み出した「宗教改革」のきっかけとなったといえなくもない。

一旦、宗教改革、および、カトリック改革が始まると、今度は建築の方がその影響を受ける。カトリック側ではイエズス会（Societas Iesu）の設立（1534, 1540）とトレント公会議（Concilium Tridentinum, 1545-63）の開催は建築の歴史にとっても大きな出来事だった。トレント公会議などによりカトリック教会の再建が図られていく中で、一六世紀末にはサン・ピエトロ使徒座聖堂も竣工し（1590）、ラテラーノ宮殿の再建や、時の教皇シクストゥス五世（Sixtus V, 1521-90）の都市計画に基づく巡礼地としての都市ローマの再整備も進められていった。これは、四大聖堂などの主立った巡礼地に隣接して広場を設け、広場の中心にランドマークとしてオベリスク（obelisk）などを建立し、それらの広場を直線道路で結んでいくというものだった。ローマの北門ポポロ門（Porta del Popolo）に面したポポロ広場（Piazza del Popolo）、ラテラーノ宮殿に面したジョヴァンニ・パオロ二世広場（Piazza Giovanni Paolo II）、サンタ・マリア・マッジョーレ教会堂（Basilica di Santa Maria Maggiore）のアプス側に面したエスクイリーノ広場（Piazza dell'Esquilino）などの例がある。

さらに、一七世紀の初頭に集中式平面のサン・ピエトロ使徒座聖堂の入口側を拡張してラテン十字形平面とすることが決定され、カルロ・マデルノ（Carlo MADERNO, 1556-1629）により身廊（nave）、側廊（aisle）、側廊脇の祭室（chapel）、ナルテクス（narthex）、ファサード（façade）が増築された。このファサードは最初期のバロック建築であり、端部ではピラスター（pilaster）、中心部では独立円柱に近いコラム（column）が自由な間隔で並べられ、ファサード面自体も中央に近づくに連れて少しずつ前方にせり出していく造形で中心性が高められている。ルネサンス建築において、ファサードが一枚の平面をなし、そこに立体感を揃えたコラムが等間隔に並べられ、全体に均整のとれたスタティックなデザインが好まれたのとは対照的である。

ローマ・バロック建築の特徴は、このような造形のダイナミズムにある。後世、「歪んだ真珠」を意味するポルトガル語「バロッコ」(Barocco）に由来する様式名で呼ばれるようになる所以である。マデルノに続いて、ジャン・ロレンツォ・ベルニーニ（Gian Lorenzo BERNINI, 1598-1680）、フランチェスコ・ボッロミーニ（Francesco BORROMINI, 1599-1667）らが登場し、楕円、うねる壁などを用いたダイナミックな空間への指向を強めていくのである。

二　イエズス会の教会建築

イエズス会の建築もバロック建築の歴史に大きな足跡を残している。ヨーロッパだけではなく、南米各地に「エスタンシア」（estancia）とよばれる、改宗した原住民のための農村集落を営み、現地の建築様式とバロック様式が混交した多様な建築が現存していて、ボリビアやアルゼンチンなどで世界遺産一覧表に記載されている作例も多い。ただ、本項ではヨーロッパの教会堂ファサードとインテリアにおけるイエズス会の貢献に焦点を当てることにする。

ファサードについては、ローマにおけるイエズス会の本部教会堂イル・ジェズ教会堂（Chiesa del Gesù）が重要である。一五五一年、イエズス会総長であり、創設者の一人でもあるイグナチオ・デ・ロヨラ（Ignacio de Loyola, 1491-1556）がナンニ・ディ・バッチオ・ビジオ（Nanni di Baccio Bigio）に教会堂の設計を依頼し、一五五四年にミケランジェロ（Michelangelo BUONARROTI, 1475-1564）が計画を改変している。一五六一年に枢機卿アレッサンドロ・ファルネーゼ（Alessandro FARNESE il Giovane, 1520-89）の資金援助を得て、ジャコモ・バロッツィ・ダ・ヴィニョーラ（Giacomo BAROZZI da Vignola, 1507-73）に設計依頼がなされ、イエズス会修道士トリスターノ（Giovanni TRISTANO）とデ・ロージス（Giovanni de ROSIS）が助力する体制となったが、最終的にはジャコモ・デッラ・ポルタ（Giacomo della PORTA, 1538-1615）のデザインが採用されている。一五六八年から一五七五年にかけて建設され、一五八四年に献堂式が挙行された。一七世紀後半にバチッチア（Baciccia）によるトランセプトの祭室内装など（サン・フランチェスコ・サヴェリオ祭室、サンティニャーツィオ祭室）が設えられている。一七七三年から一八一四年にかけて、イエズス会は本教会堂から追放されていたが、その後、復帰して現在に至る。

本教会堂ファサードは、側廊＝身廊＝側廊からなる三廊式の教会堂断面を覆う古典主義ファサードの一つの試みという点で重要である。イル・ジェズ教会堂では側廊のない単廊式となっていて、身廊両側に脇祭室が連なる形式だが、教会堂の断面は三廊式の教会堂と共通している。ヴィニョーラのファサード・デザインの基本コンセプトは、身廊部分のファサードをオーダー二段重ねの二層構成、脇祭室部分のファサードを単層構成とすることだった。この処理は、平屋の身廊を二階建てにみせるという点、および、ファサード背後の脇祭室＝身廊＝脇祭室という三列構成の区分がファサード上では不明瞭になるという点で、内部と外部の論理をすりあわせるルネサンス的設計手法からの乖離を示している。

イル・ジェズ教会堂ファサードの特徴として、もう一点、ファサード二層目両脇にヴォリュート（volute）とよばれる渦巻形装飾が施されることが挙げられる。これら二点の特徴を備えた教会堂ファサードはイル・ジェズ型ファサードと呼ばれることもある。じつは、これらの特徴は一世紀ほど遡ったフィレンツェのサンタ・マリア・ノヴェッラ教会堂（Chiesa di Santa Maria Novella）のファサードに先例がある。これは初期ルネサンスの代表的な建築家で建築理論家でもあったレオン・バッティスタ・アルベルティ（Leon Battista ALBERTI, 1404-72）が、前任者たちが手掛けたゴシック様式のファサード下部に引き続いてルネサンス様式のファサードを完成させたものである。このファサードも身廊部分が二層構成であり、二層目の両脇にヴォリュートのような装飾が施されている。だが、アルベルティが全てを設計したわけではなく、一層目と二層目の間にデザイン上の密接な関連性はない。その点、ヴィニョーラとデッラ・ポルタによるファサードでは、一層目と二層目でコラムの位置が合わせられている。二本のコラムを隣接させて一組にする双子柱（pair columns, coupled columns）というマニエリスム建築の手法が使われており、双子柱各組の間隔は一定となっている。

以上のイル・ジェズ型ファサードは、一七世紀以降、バロック化していく。すなわち、身廊部分を二層構成とし、二層目両脇のヴォリュートが施される点は継承されたが、コラムを様々な立体感で壁面から突出させ、ファサードに表情と中心性を付与する点で、オリジナルのマニエリスム建築よりもダイナミックな様相を呈していくのである。マデルノによるローマのサンタ・スザンナ教会堂（Chiesa di Santa Susanna）のファサード（1597-1603）が最初期の作例である。このファサードでは、端部ではピラスター（pilaster）という立体感の薄いコラムの用法がみられ、中央部では独立円柱に近い立体感豊かな造形のコラムが配されている。柱と柱の間の間隔も一定ではなく、エンタブレチュア（entablature）に注目すると端部から中央部になるにつれて徐々にファサード面が前方に迫り出していくことが明確に見て取れるだろう。このようにして、ルネサンス建築のように全体にわたって均質なデザインとするのではなく、ファサード全体の中で中心性を強調し、デザインのダイナミズムを高めているのである。さらに、本作例で指摘しておかなければならないことがもう一点ある。じつは本教会堂は側廊も脇祭室も備えていない単廊式平面であり、それゆえ、イル・ジェズ型ファサードを採用せねばならぬ理由はないにも関わらず、イル・ジェズ型ファサードが採用されているのは、それがファサードの定型として意味を持ったことを示している。そして、そこに内部の論理と外部の論理をすりあわせないバロック的設計手法が発揮されているのである。

一七世紀以降、このイル・ジェズ型ファサードはヨーロッパ各地に伝播していき、中南米やアジアなどにもみられるようになった。フランスではサロモン・ド・ブロス（Salomon de BROSSE, 1571-1626）によるパリのサン・ジェルヴェ教会堂（Eglise Saint-Gervais）ファサード（1616-21）が最初期の作例であり、身廊部分が三層構成、側廊部分が二層構成となっている。身廊部分は下からドリス式、イオニア式、コリント式の各オーダーが積層するスーパーコラムニエーション（supercolumniation）の手法が使用されていて、これは一六世紀の城館建築のファサード上のパヴィリオン（pavilion）とよばれる突出部やエントランスなどにみられる意匠でもある。ジャック・ル・メルシエ（Jacques LE MERCIER, 1585-1654）によるパリのソルボンヌ礼拝堂（Chapelle de la Sorbonne, 1635-42）はイル・ジェズ型ファサードの典型例といってもよいもので、身廊部分が一層目コリント式オーダー、二層目コンポジット式オーダーの二層構成である。パリのヴァル・ド・グラース教会堂（Eglise du Val-de-Grâce, 1645頃）はフランソワ・マンサール（François MANSART, 1598-1666）が設計し、途中からルメルシエが引き継いで完成させたもので、ドームとイル・ジェズ型ファサードを備えている。一層目では端部がピラスター仕上げで中央部分は独立円柱となって中央に行くほど前に迫り出すデザインであり、二層目では逆に中央部がピラスター仕上げで後ろにへこんだデザインとなっていて、上下で立体感の付け方が対照的な処理が行われている。イル・ジェズ型ファサードのヴァリアント的な作例としては、本稿ではアントウェルペンのシント・カロルス・ボロメウスケルク（Sint-Carolus Borromeuskerk, 1615-21）を挙げておく。イエズス会によって建造され、サン・ジェルヴェ教会堂と同様に身廊部分が三層構成、側廊部分が二層構成で、さらにその左右に八角形平面の鐘楼が付属している。

建築に対するイエズス会の貢献としてインテリアにおける新機軸の導入を挙げておきたい。イエズス会には様々な分野に通暁した修道士が多く所属しており、透視図法に通じたアンドレア・ポッツォ(Andrea POZZO, 1642-1709)もその一人だった。『画家と建築家のための透視図法』(*Prospettiva de pittori e architetti*, 1693)という専門書も執筆しており、実作としてはイル・ジェズ教会堂内のサンティニャーツィオ(聖イグナチオ)祭室(Capella di Sant'Ignazio di Loyola, 1700)やローマのサンティニャーツィオ教会堂(Chiesa di Sant'Ignazio di Loyola)の内装を手がけている。とくに後者はイエズス会の教会堂建築のみならず、バロック建築のインテリアを代表する作例といえる。

サンティニャーツィオ教会堂は、一五五一年にイグナチオ・デ・ロヨラが設立した「コッレージョ・ロマーノ」(Collegio Romano)の付属教会堂である。現在の教会堂は、一六二二年にイグナチオが列聖された後の一六二六年に着工し、一六五〇年に竣工した。ファサードは典型的なイル・ジェズ型で、アントニオ・サッソ(Antonio SASSO)による。ポッツォが活躍したのはそのさらに後であり、一六八五年にドームの騙し絵(La finta cupola di Sant'Ignazio）、一六九一年から一六九四年にかけて身廊ヴォールト表面に「サンティニャーツィオの栄光」（Gloria di Sant'Ignazio di Loyola）を描いた。これらは騙し絵技法（trompe-l'œil）を駆使した天井画である。前者は、計画されていたドームが様々な事情で建設されなかったことにより、交差部に設けられた浅いお椀形の天井に、計画されていたドームを透視図法で描いたものである。後者は、半円筒形のヴォールト全体に、従来の手法に見られた額縁で区切られていない仮想空間を展開したもので、特定の立脚点（standing point）に立って見上げたとき、実際の建築物が網膜上に結ぶ像の消失点と天井画の透視図法の消失点（vanishing point）が一致することにより、建築と彫刻と絵画が渾然一体となった世界を現出させる。これを平面ではなく半円筒形の曲面で実現するところにポッツォの腕のさえが発揮されているのである。

カトリック教会によって新たに建立されたバロック教会建築の壮麗な外観と内観は、聖職者、建築家、画家、彫刻家といった様々な企画者、構想者、実施者たちが持てる力を十全に発揮した当時の諸芸術の粋を結集した成果である。その背景には、教会堂に信徒たちが集まってミサを挙行する、とりわけ、聖体拝領（communio）を行うことの重要性がカトリック改革の中で再確認されたことがあるだろう。バロック教会建築に聖霊を表す白鳩の表現が中世の教会堂に比べて明確に増えたのも、同様に三位一体説が重要教義として再確認されたことと密接な関係があるように思われる。

三　ルター派の教会建築の事例

本章以降ではプロテスタントの教会堂を取り上げるが、トレント公会議でも確認されたように、ミサの中の聖体拝領における聖体の全実体変化を教義とするカトリック教会では、ミサが挙行される教会堂建築が重要であり続けたのに対し、プロテスタント諸派では教会堂の建立にそこまで注力していたわけではない。むしろ、建築の営みとして多く行われていたのは、教会堂の新築ではなく、既存のカトリックの教会堂の改修だった。本稿では後者の作例を数点紹介することとし、本章ではルター派の教会堂の例として、バッハ(Johann Sebastian BACH, 1685-1750)が活躍の場としていたライプツィヒの二棟の主要な教会堂、トーマスキルヒェ(Thomaskirche)とニコライキルヒェ(Nikolaikirche)

を取り上げる。

トーマスキルヒェの起源は、一二一二年に創設されたアウグスティヌス会の修道院にある。一四〇九年にはこの修道院にてライプツィヒ大学の母体が創設されている。現在の教会堂が建立されたのは一五世紀末のことで、一四七七年に大鐘「グロリオーサ」(Gloriosa)が鋳造され、一四八二年にハレンキルヒェ(Hallenkirche)形式の身廊と側廊が建設されて、一四九六年にカトリック教会の教会堂として献堂式が挙行された。後世の様式概念を適用するなら後期ゴシック様式である。ハレンキルヒェはドイツのゴシック建築によくみられる構法で、身廊と側廊、内陣(chancel)と周歩廊(ambulatory)の直上に大屋根を架ける形式である。そのため、身廊上部に高窓が連なったクリアストーリー(clerestorey)が設けられず、身廊上方は暗くなる。

その後、一五一九年にルターとヨーハン・エック(Johann ECK)の論争がここで行われ、一五三九年の聖霊降臨日にはルターが説教を行って、以後はルター派の教会堂となった。一五四一年には修道院の解散と取り壊しも実施されている。以来、トーマスキルヒェはライプツィヒのルター派信仰の中心となり、ルター派が礼拝での音楽の使用を、カトリック教会と同様に積極的に進めたため、ライプツィヒの音楽の中心ともなった。それを担ったのが歴代トーマスカントル（Thomaskantor）であり、一七二三年以来、二七年間、この地位にあったのがバッハだった。その代表作の一つ『マタイ受難曲』（Matthäus-Passion, BWV244）が上演されたのもこの教会堂においてだった。一九四九年、バッハは本教会堂の内陣床下に改葬され、以来、教会堂としての機能に加えて、一種の「バッハ神社」のような性格も備えているようにみえる（むろん、バッハが「神格化」されたわけではない）。もっとも、現在の教会堂はバッハ当時の姿を伝えているわけではない。一八〇六年にはナポレオン占領下で弾火薬庫として使用され、一八一三年から一八一四年までは軍病院として使用されていた。その後、一八八四年から一八八九年にかけて、バロックの要素が廃され、ネオ・ゴシック様式に改装されている。一九四三年に連合国軍の空襲で鐘楼が被災して、その後、修復された。「バッハ・オルガン」が設置されたのは二〇〇〇年のことである。

トーマスキルヒェが修道院の付属教会堂としてライプツィヒの西の市壁に接したところに立地しているのに対し、ニコライキルヒェはライプツィヒの中心市街地の中に建っている。その歴史は一一六五年にライプツィヒに都市権と市場権が付与されたときにまでさかのぼり、都市の中のロマネスク教会建築としてたち現れた。この当初の教会堂は一部に現存しており、正面ファサード下方と鐘楼にみられる。ハレンキルヒェ形式のゴシック建築に改装されたのは一五二五年のことで、この時点ではカトリック教会の教会堂だったが、一五二一年に設えられたゴシックの説教壇は「ルターの説教壇」(Lutherkanzel)といわれている。ルター派の教会堂となったのは一五三九年のことである。バッハがヨハネ受難曲(Johannes-Passion, BWV243)を上演したのはこの教会堂においてであり、同時代の一七三〇年に正面ファサード中央にバロックの主塔が建設された。バッハ没後の一七五九年には正面ファサード中央にバロックのポルタイユ(大扉)が設けられている。一七八四年から一七九七年にかけてダウテ(Johann Friedrich Carl DAUTHE)によって改装され、エザー(Adam Friedrich OESER, 1717-99)の内陣壁画などが設えられた。後世の様式概念を用いるなら、これらのデザインは新古典主義的なものであり、したがって、現在の教会堂の様相はバッハ時代のそれとはかなり異なる。一八六二年にはラーデガスト(Friedrich LADEGAST)によるオルガンが設置された。

本章では、建設時からルター派の教会堂として新築された教会堂の例として、バッハがライプツィヒで活躍していたのと同時代のドレスデンで建設されたフラウエンキルヒェ(Frauenkirche)も紹介しておきたい。当時、ライプツィヒ、ドレスデンとも七選帝侯(Kurfürst)の一人に数えられる大諸侯ザクセン公(Herzog von Sachsen)の領土であり、ライプツィヒが商都、ドレスデンが公の宮殿のある政治の中心だった。ザクセン公はルターをヴァルトブルク城塞(Wartburg)に匿ったフリードリヒ三世「賢公」(Friedrich III, der Weise, 1463-1525)以来、ルター派擁護第一の諸侯だったが、フリードリヒ・アウグスト一世「強健王」(Friedrich August I, der Starke, 1670-1733)が、一六九七年にアウグスト二世(August II)としてポーランド王に即位するとカトリックに改宗した。したがって、彼の治世下に始まったフラウエンキルヒェの建設はドレスデン市と市民たちの手で決められ進められたのである。担当した建築家は地元の建築家ゲオルク・ベーア(Georg BÄEHR)であり、一七二二年にドレスデン市によって旧教会堂の取り壊しと新教会堂の建設が決定され、一七二六年に新教会堂が着工、一七三四年に献堂式が挙行された。一七三六年にはゴットフリート・ジルバーマン(Gottfried

SILBERMANN, 1683-1753）作のオルガンが設置され、同年一二月一日にバッハがこれを演奏した。一七三八年には高さ一〇〇メートルにもなる石造ドームが完成し、一七四三年にドーム直上のランタン（頂塔）が完成して全体が竣工した。ドームを中心とする集中式平面であり、プロテスタントの教会堂としては随一の規模と壮麗な装飾を備えたバロックの教会建築である。

一方、カトリックに改宗したザクセン公の側でも、一七三八年から一七五四年にかけてドレスデンにカトリック宮廷教会堂（Katholische Hofkirche）を建立した。「強健王」の息子フリードリヒ・アウグスト二世（ポーランド王としてはアウグスト三世）（Friedrich August II, 1696-1763）の治世下であり、ザクセン公の宮殿付属教会堂として建設された。イタリアの建築家ガエターノ・キアヴェリ（Gaetano CHIAVERI）による変則五廊式平面のバロック建築で、バルタザール・ペルモーザー（Balthasar PERMOSER）の説教壇（1722）の他、一七五五年にここにも設置されたジルバーマンのオルガンなど、インテリアも壮麗なバロック装飾で満たされている。一九八〇年以来、ドレスデン・マイセン司教座聖堂となった。

四　改革派の教会堂の事例——カトリックの司教座聖堂の転用

宗教改革はルターを中心としたドイツ語圏諸国の動きだけでなく、フルドリヒ・ツヴィングリ（Huldrych ZWINGLI, 1484-1531）やジャン・カルヴァン（Jean CALVIN, 1509-64）を中心としたスイスの動きも盛んで、その動きはフランスや低地地方、イングランドなどにも広がっていった。ジュネーヴはその中心地の一つであり、本章ではジュネーヴのサン・ピエール大聖堂（Cathédrale Saint-Pierre）を紹介する。

ジュネーヴには、すでに四世紀に司教座が置かれたといわれている。現在の教会堂の歴史は、一一三二年にジュネーヴ司教領が帝国（後世、神聖ローマ帝国とよばれる）に編入された直後の一一五〇年頃に司教アルドゥキウス（Arducius de Faucigny）によって建立され始めた司教座聖堂から始まっている。一二八八年に全体がほぼ竣工しており、後世の様式概念によるならロマネスク様式の教会堂がたち現れた。一四〇〇年から一四〇五年にかけて、枢機卿ジャン・ド・ブロニー（Jean de Brogny）一族の墓所、すなわち、寄進礼拝堂（chantry chapel）として、フランボワイヤン（後期ゴシック）様式のマカベ礼拝堂（Chapelle des Macchabées, chapelle collégiale de Notre-Dame）が建設された。同じ頃、一四〇七年に司教ギヨーム・ド・ロルネ（Guillaume de Lornay）が大鐘「ラ・クレマンス」を寄進し北塔に設置した。この大鐘の名称は当時のアヴィニョン対抗教皇クレメンス七世にちなむ。一四三〇年に火災により南塔が被害を受け、一四四一年に身廊北壁が崩壊、さらに参事会室が崩壊し、身廊ヴォールトも崩落したが、修復されている。ジュネーヴで宗教改革の動きが本格化したのはその後である。

ジュネーヴの宗教改革は、一五二六年、ジュネーヴ市がスイス諸都市と同盟してサボイア公（duca di Savoia）と対立し（ジュネーヴ市がスイス連邦に加盟したのは一八一五年以降）、一五三五年八月に最後のミサが挙行された後に顕在化して、偶像破壊（iconoclastie）へと至った。一五三六年にはカルヴァンが到来し、司教座聖堂はジュネーヴ・プロテスタント教会（Eglise protestante de Genève）の教会堂となっている。この際、改革派の教義からはずれる寄進礼拝堂たるマカベ礼拝堂は廃され、そこには床が設けられて多層構成の塩貯蔵庫となった。一六七〇年には隣接するアカデミーに譲渡されている。

ここで大聖堂に話を戻す。一五三八年にカルヴァンはギヨーム・ファレル（Guillaume FAREL, 1489-1565）とともに追放されたが、一五四一年に復帰した。その後、大聖堂にベンチと献金箱が設置された。近代以前のカトリックの教会堂では身廊や側廊にベンチや椅子などが置かれることはなく、在俗信徒たちはミサに立って参列していたので、ベンチを身廊などに設置したことは重要な変化である。逆に、内陣に設けられていた高位聖職者席（chaire）は一五四二年に撤去されて、現在の位置、すなわち、南側側廊のトランセプト（transept）側に移設されている。むろん、内陣と身廊を物理的に隔てていた内陣障壁（chancel screen, rooc screen）も撤去された。これらの措置は、プロテスタントの教会堂にとって重要な教義を反映している。すなわち、聖体拝領を行う主祭壇（high alter）が簡素な聖餐卓（communion table）になったばかりでなく、説教壇が重視されるようになって、ベンチもそれを取り巻くように配置されたのは、カトリック教会でミサとよばれる典礼よりも説教の方が重視されたことと密接な関わりがある。装飾豊かな高位聖職者席や内陣障壁が撤去されたのは聖職者と在俗信徒をカトリック教会と比べれば峻別しない考え方に基づくだろうし、また、この措置によって説教壇の周りに多くの信徒が集まって説教を聴くことができるようになったのである。改革派では聖人崇敬の源たる聖遺物の重要性も否定していたので、内陣からは豪華な聖遺物箱なども撤去された。

説教壇の重視とそれに基づいたベンチの設置、聖遺物箱、主祭壇装飾、内陣障壁、高位聖職者席などの撤去は、改革派以外のルター派、イングランド国教会などのプロテスタント諸派の教会堂でも行われており、前章で紹介したトーマスキルヒェとニコライキルヒェでも同様である。だが、ルター派などと異なる改革派の考え方として、典礼や礼拝における音楽の役割に対しての否定的な見方がある。サン・ピエール大聖堂でも、以上の措置が行われたのと同時期にオルガンを溶解して聖体拝領関連の器が制作されている。

おわりに

本稿では、一六世紀から一八世紀半ばのイエズス会、ルター派、改革派の教会堂の建立、または改修の営みを代表的な作例によって紹介した。それぞれの教会堂がそれぞれの教義に合わせて建立されたり改修されたりしてきたことがうかがえるだろう。とりわけ、カトリック教会の教会堂において聖霊を表す白鳩の表現が増えていったこと、および、説教壇における説教の重要性から、プロテスタント諸派の教会堂では説教壇を中心としたベンチなどの配置がなされてきたことは特筆に値する。じつは、本稿では触れられなかったが、プロテスタント諸派における説教の重要性はカトリック教会にも影響を与えていて、ゆえに一六世紀半ば以降、各地の教会堂内にバロック様式の説教壇が設けられていった。通常、説教壇には天蓋が設けられ、天蓋下面中央には聖霊を表す白鳩が施されていた。ロマネスク様式やゴシック様式の簡素な教会堂の身廊に、まるで場違いのように派手なバロック様式の説教壇がよくみられるのはこのためであり、教会堂が教会堂として長期間機能し続けるにあたっては、各時代の教義についての考え方の変遷に従って、様々な時代の産物の混在が進んでいくことになるのである。

建築用語解説

教会堂の二つの形式と諸要素

バシリカ式　basilican plan（英）

教会堂の主要な平面形式。バシリカ形式では、原則として東側に「アプス」(apse) という外側への突出部を備えた「内陣」(chancel)、西側に在俗信徒たちの空間が配されている。在俗信徒たちの空間は、中央に高くそびえる「身廊」(nave) と両脇の低い「側廊」(aisle) に分かたれることが多く、身廊と側廊は列柱やアーケード（アーチの連なり）によって隔てられている。空間としては、入口から祭壇へと向かう指向性の強烈さが特徴である。ひときわ高い身廊は「クリアストーリー」(clerestorey) に設けられた高窓によって採光される。

集中式　centralized plan（英）

バシリカ形式と並ぶ、教会堂の主要な平面形式。ドームを中心とする求心的な空間が特徴だが、主祭壇が設けられる位置によっては、ハギア・ソフィア総大主教座聖堂（イスタンブル）のように、バシリカ形式の指向性を持った空間の特質と複合することもある。

教会建築の種類

教会堂　church（英）
　キリスト教の信徒が集まって、ミサ（カトリック教会）、聖体礼儀（正教会）、聖餐式（プロテスタント諸派）などの典礼、礼拝を行う建造物のこと。「教会」ともいうが、本稿では組織を指す場合と区別して「教会堂」と称する。
礼拝堂、祭室　chapel（英）
　教会堂本体や宮殿などの世俗建築に付属する、祭壇を備えた祈りの空間のこと。建築用語としては、教会堂本体の中に設けられたものを「祭室」、独立した建造物や宮殿などの中に設けられたものを「礼拝堂」と称する。
修道院　abbey, monastery, convent（英）
　聖ベネディクトゥスの清貧の教えを守って修道生活を送る修道士たちが修道のために営む組織、あるいはそれが置かれた複合建築物のこと。女子修道院の場合は convent という場合が多い。
大司教座聖堂、司教座聖堂、カテドラル　cathédrale（仏）
　カトリック教会において、地方の教会を教導する高位聖職者（大司教、司教）が管轄する領域を「教区」という。通常、教区は「司教区」と呼ばれるが、とくに由緒を認められた教区は「大司教区」という。大司教や司教の座る椅子を「カテドラ」（cathedra）、その椅子のある教会堂を「カテドラル」、邦語では大司教座聖堂、司教座聖堂と呼称する。
聖堂　temple（仏、英）
教会堂を指す、いくばくか古代的雰囲気をまとった文学的表現。

一般建築用語

ヴォールト　vault（英）
石材や煉瓦などで立体的に構築された天井を「ヴォールト」という。
ドーム（クーポラ）　dome（英）, cupola（伊）
四面対称平面（円形、八角形など）のヴォールトを「ドーム」という。
ファサード　façade（仏）
柱と梁・桁ではなく壁体で構築される組積造の建築において、外観を構成する外壁面の立面のこと。いわば「建築の顔」にあたる。
パヴィリオン　pavilion（英）
フランス語ではアヴァン・コール（avant-corps）といい、その名の通り、城館／邸館本体の壁面から前方に突出したファサード要素のこと。
ポルティコ（柱廊）　portico（伊）
外部空間と円柱のみによって区切られた内部空間のこと。壁体で区切られた通常の室内空間よりも外に対して解放的である。古代の神殿建築の外観を構成する列柱空間のことを指すこともある。

オーダー　order（英）

古代ギリシア・ローマの神殿建築の外観を構成する円柱（コラム）と梁・桁（エンタブレチュア）のデザイン・比例体系のこと。ドリス式、イオニア式、コリント式の三種、あるいはそれにトスカナ式とコンポジット式を加えた五種の様式がある。

スーパーコラムニエーション　supercolumniation（英）

通常、オーダーを多層建築に適用する場合、各階に独立したエンタブレチュアとコラムが設けられ、古代ローマ建築のコロッセウムにみられるように、比例の太い方から順番に下層から上層へと重ねられる。これをスーパーコラムニエーションといい、ルネサンス建築の一般的な手法となった。三階建ての建物をそのまま三階建てに見せる手法であり、建築に均整感を与える。

ジャイアント・オーダー　giant order / colossal order（英）

マニエリスム建築やバロック建築では、通常のスーパーコラムニエーションと異なり、複数の層を貫いてコラムが設けられ、最上部にコラムの比例に適した巨大なエンタブレチュアを頂いたものが登場した。マニエリスムの建築家ミケランジェロが発明した手法（マニエラ）といわれるが、一六世紀に追随したのはパラーディオなど少数で、一七世紀以降のバロックの建築家たちが常用するようになった。スーパーコラムニエーションに比べ、建築に古代神殿のような壮麗な雰囲気を醸し出す。

双子柱　pair columns / coupled columns（英）

通常、オーダーのコラムは等間隔に配置されるが、二本のコラムを接近させて組にし、柱間寸法に長短のリズムを付与する手法（マニエラ）のこと。ローマのマニエリスムの建築家バルダッサーレ・ペルッツィ（Baldassare PERUZZI, 1481-1536）のパラッツォ・マッシモ（Palazzo Massimo）が初の適用例といわれる。

エンタブレチュア　entablature（英）

古代ギリシア・ローマの神殿建築の外観に現れる梁と桁に由来する、横架材を象った装飾要素。コーニス、フリーズ、アーキトレーヴからなる。

コーニス　cornice（英）

エンタブレチュアの最上部で、軒のように前方に突き出した部分のこと。内装ではコーニス単独で用いられることもある。

フリーズ　frieze（英）

エンタブレチュアの中間部のこと。ドリス式ではトリグリフとメトープ、イオニア式とコリント式ではレリーフが施されることが多い。

アーキトレーヴ　architrave（英）

エンタブレチュアの最下部で、円柱（コラム）を直接受ける部分のこと。古代ローマ時代にはエピステューリウム（柱上帯）といった。

コラム　column（英）

古代ギリシア・ローマの神殿建築の外観に現れる円柱に由来する、柱を象った装飾要素。柱頭（キャピタル）、柱身（シャフト）、柱礎（ベース）からなる。

柱頭　capital（英）
コラム最上部の刳形や装飾で構成された部分のこと。オーダーの種類ごとに特徴があり、オーダーの種類を判別する手がかりとなる。

柱身　shaft（英）
コラムの本体部分のこと。フルート（縦溝）が彫られることもあり、通常はエンタシス（微妙な膨らみ）が施される。

柱礎　base（英）
コラム最下部の刳形で構成された部分のこと。古代ギリシアのドリス式には柱礎はないが、古代ローマとその影響を受けた古典主義建築のドリス式にはある。

ドリス式オーダー　Doric order（英）
古代ギリシア由来の三種のオーダーのうちで最も太いコラムを持つ。柱頭は簡素で、古代以来、男性の身体比例に擬せられてきた。

イオニア式オーダー　Ionic order（英）
古代ギリシア由来の三種のオーダーの中で中間の太さのコラムを持つ。ヴォリュートという渦巻装飾が柱頭の特徴であり、古代以来、女性の身体比例に擬せられてきた。

コリント式オーダー　Corinthian order（英）

古代ギリシア由来の三種のオーダーのうちで最も細いコラムを持つ。アカンサスの葉を意匠化した柱頭が特徴で、古代以来、乙女の身体比例に擬せられてきた。

トスカナ式オーダー　Tuscan order（英）

古代ローマの建築家ウィトルウィウスの『建築十書』第四書で記述されたエトルリア式神殿の円柱を基に、ルネサンス後期に加えられたオーダーで、ドリス式と同様の柱頭を備えるが、ドリス式よりも太い比例を持つ。

コンポジット式オーダー　Composite order（英）

古代ローマ建築の実例を基に、ルネサンス前期に加えられたオーダーで、コリント式と同じ太さだが、イオニア式とコリント式の装飾を複合した華やかな柱頭を持つ。

ペディメント　pediment（英）

古代神殿のけらば（切妻屋根の山形の端部）と妻壁（けらばと梁に挟まれた三角形の部分）の部分に由来する装飾。三角形が一般的だが、櫛形のものもある。頂部が破れた形のものもバロック建築でよく用いられた。

一六世紀から一八世紀半ばにかけての西洋建築史の主要基本文献（和書）

日本建築学会編『西洋建築史図集』三訂版、彰国社、一九九〇年

鈴木博之編『図説年表　西洋建築の様式』彰国社、一九九八年
グルッポ7『図説　西洋建築史』彰国社、二〇〇五年
中島智章『図説バロック 華麗なる建築・音楽・美術の世界』河出書房新社、二〇一〇年
中島智章『図説キリスト教会建築の歴史』河出書房新社、二〇一二年
中島智章『世界一の豪華建築バロック』エクスナレッジ、二〇一七年

本稿で紹介した教会堂単体についての参考資料

Chiesa del Santissimo Nome di Gesù all'Argentina, Roma: "Storia della Chiesa",
http://www.chiesadelgesu.org/la-chiesa/storia-della-chiesa/, 2018（二〇一八年四月一六日閲覧）
Chiesa di Sant'Ignazio, Roma: "Origins",
https://santignazio.gesuiti.it/en/chiesa-di-santignazio/history/origins/（二〇一八年四月一六日閲覧）
Thomaskirche, Leipzig: "Bauwerk",
https://www.thomaskirche.org/r-bauwerk.html（二〇一八年四月一六日閲覧）
Nikolaikirche, Leipzig: "St. Nikolai zu Leipzig, Evangelisch-Lutherische Stadt- und Pfarrkirche",
http://www.nikolaikirche.de/kirchen/nikolaikirche/bauwerk/（二〇一八年四月一六日閲覧）
Stiftung Frauenkirche Dresden: "A 1.000-year history",

http://www.frauenkirche-dresden.de/en/history/（二〇一八年四月一六日閲覧）
Bistum Dresden-Meissen, Katholische Kirche in Sachsen & Ost-Thüringen: "Die Kathedrale des Bistums Dresden-Meissen (ehem. Katholische Hofkirche)",
http://www.bistum-dresden-meissen.de/pfarreien/dresden-kathedrale/die-kathedrale/index.html
（二〇一八年四月一六日閲覧）
Fondation des Clefs de St-Pierre: "Saint-Pierre au Moyen-Age",
http://www.cathedrale-geneve.ch/fr/saint-pierre-au-moyen-age（二〇一八年四月一七日閲覧）
Fondation des Clefs de St-Pierre: "Saint-Pierre à l'époque moderne: la Réforme et ses suites",
http://www.cathedrale-geneve.ch/fr/saint-pierre-à-lépoque-moderne-la-réforme-et-ses-suites
（二〇一八年四月一七日閲覧）

図版１　サン・ピエトロ使徒座聖堂（ローマ）のドーム内観

直径42メートルという規模は、パンテオン（ローマ）の直径43メートルの半球形ドームに匹敵するものである。構造力学的考慮により半球形ではなくやや紡錘形であり、構造体の中に鉄鎖が仕込まれている。内陣最奥部には、聖霊を表す白鳩をあしらったオレンジ色のステンドグラスと使徒座の表現がみられる。（写真はすべて筆者撮影）

図版 2　ポポロ広場（ローマ）南側の都市景観

ローマ市街を南北に貫くコルソ通り（Via del Corso）を中心軸として、左側にスペイン広場（Piazza di Spagna）へ伸びるバブイーノ通り（Via del Babuino）、右側にアウグストゥス帝廟の方へ伸びるリペッタ通り（Via di Ripetta）がみえる。これらの通りの間には「双子の教会堂」サンタ・マリア・デイ・ミラーコリ教会堂（Chiesa di Santa Maria die Miracoli）（写真右手）とサンタ・マリア・イン・モンテサント教会堂（Basilica di Santa Maria in Montesanto）（写真左手）が建立され、左右対称の劇場の書き割りのような都市空間を強調している。

図版 3　ポポロ広場に再建立されたオベリスク

ポポロ門と「双子の教会堂」の間に再建立された。オベリスクは古代エジプトの太陽神信仰に関わる記念物といわれ、カルナック神殿やルクソール神殿をはじめとしたエジプトの神殿建築の正面入口両側に計 2 本建立されていた。16、17 世紀にはヒエログリフは解読されていなかったので、教皇の都市ローマの主要な広場の中央に再建立されてもキリスト教信仰との間に矛盾は認識されていなかった。

図版 4　サン・ピエトロ使徒座聖堂の身廊内観
　マデルノによって建設された身廊のヴォールトは半円筒形であり、表面は古代ローマ風の格天井（coffered ceiling）のように仕上げられた。

図版 5　サン・ピエトロ使徒座聖堂のファサード

マデルノは身廊と側廊の直前に 3 層構成のナルテクスを設け、その前面に教会堂全体のファサードを付した。そういう観点からいえば、ファサードの巨大なコリント式オーダーは複数階を貫く「ジャイアント・オーダー」（giant order）ということになる。ジャイアント・オーダーはミケランジェロがカンピドリオ広場（Piazza Campidoglio）に面したパラッツォ・デイ・コンセルヴァトーリ（Palazzo dei Conservatori）のファサード設計において発明した手法といわれているが、16 世紀には追随者は少なく、17 世紀以降のバロック建築で多用されるようになった。

図版 6　サン・カルロ・アッレ・クワットロ・フォンターネ教会堂の内観

サン・カルロ・アッレ・クワットロ・フォンターネ教会堂（Chiesa di San Carlo alle quattro fontane）は聖カルロ・ボッロメーオ（Carlo BORROMEO, 1538-84）の名で神に捧げられた教会堂で、「四泉を備えた聖カルロ」という意味である。ボッロミーニの代表作であるにとどまらず、ローマ・バロックの最高傑作の一つである。長軸を奥行き方向に取った擬似楕円形平面のドームを中心とする集中式平面で、本堂平面の輪郭は複雑な形態を描くが、円と正三角形という単純な幾何学図形に還元される。ドーム頂点にはランタン（lantern）が設けられ、ランタンの天井中央には聖霊を表す白鳩が配された。

図版7　イル・ジェズ教会堂（ローマ）のファサード
いかに屋根高が高いとはいえ身廊は平屋建てであるのに対し、そのファサードを2層構成としたところにこのファサード・デザインの新規性がある。ルネサンス建築の設計手法は内部と外部の論理的繋がりを重視するもので、平屋建ての建築はオーダーの単層構成、3階建ての建築はオーダーの3層構成によりファサードをデザインするのが原則だったからである。

図版8　サンタ・マリア・マッジョーレ教会堂（フィレンツェ）のファサード
1層目はアルベルティ以前の仕事も含まれているが、アルベルティが全てをデザインした2層目は古代ローマの神殿建築の正面ファサードに基づくものである。

図版9　サンタ・スザンナ教会堂（ローマ）のファサード
　身廊の屋根高はファサード2層目の半ばほどにしか達していない。したがって、2層目のほぼ上半部は一種の「看板建築」となる。

図版10　サン・ジェルヴェ教会堂（パリ）のファサード
　本教会堂本体は16世紀に建立されたゴシック建築であり、ファサードのみがブロスによるルネサンス建築である。側廊部ファサードの2層目は側廊屋根とフライング・バットレス（flying buttress）を隠す「看板建築」となっている。

図版11　ソルボンヌ礼拝堂（パリ）のファサード
　フランスの作例の中では最も典型的なイル・ジェズ型ファサードの一つ。1層目がコリント式オーダー、2層目がコンポジット式オーダーであり、前者のエンタブレチュアのフリーズ表面が平面であるのに対し、後者のフリーズ表面は膨らんだ凸面をなして対照的である。

図版12　ヴァル・ド・グラース教会堂（パリ）のファサード
　写真の撮影位置からだとドームはみえないが、距離を取ると高くそびえるドームが姿を現す。1層目と2層目のコラムの立体感の付け方を逆にすることによって1層目と2層目のコントラストが際立つ。

図版13　シント・カロルス・ボロメウスケルク（アントウェルペン）のファサード

　枢機卿、ミラノ大司教だったカルロ・ボッロメーオの名で神に捧げられた教会堂。ファサード中央部2層目には「IHS」、すなわち、「救世主イエス・キリスト」を意味するアルファベットの略号があしらわれている。これはイエズス会の教会堂であることを示している。

図版 14 『画家と建築家のための透視図法』表紙
　アンドレア・ポッツォがイエズス会修道士であることが明示されている。

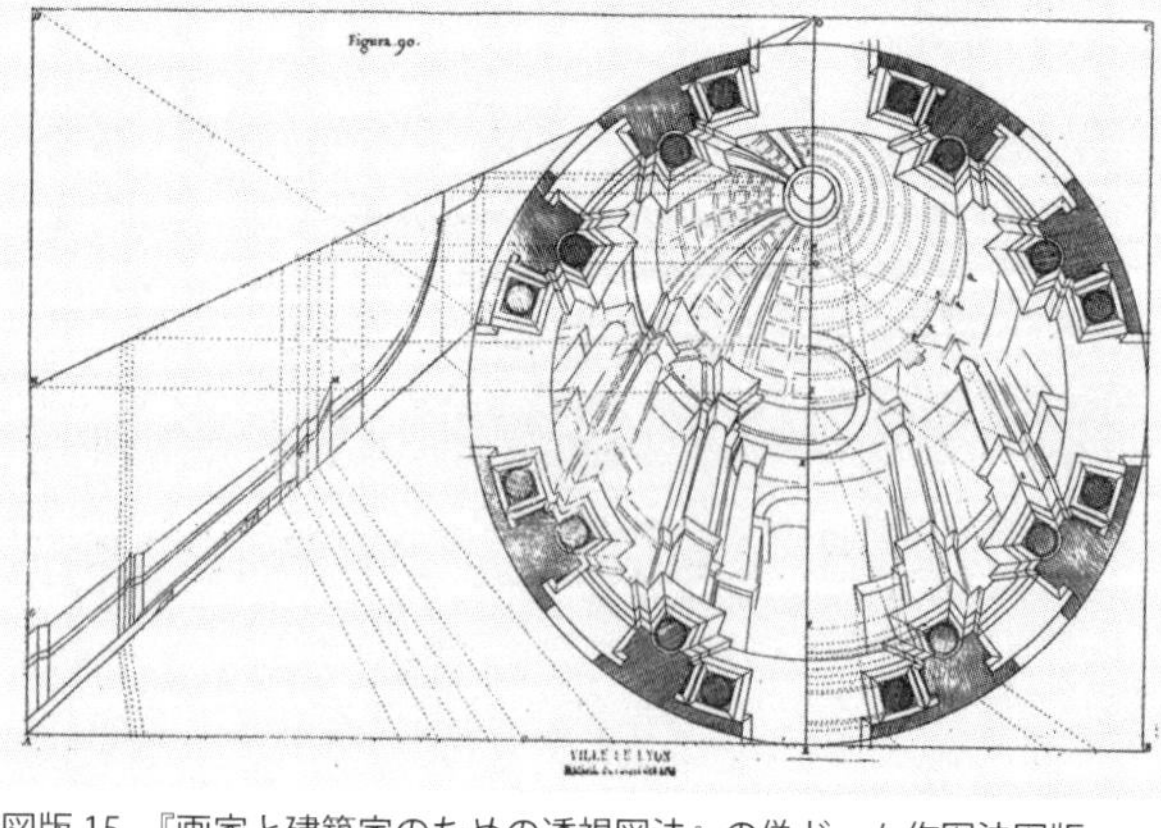

図版 15 『画家と建築家のための透視図法』の偽ドーム作図法図版
　サンティニャーツィオ教会堂の「偽ドーム」を思わせるドームの作図法が示されている。

図版16　イル・ジェズ教会堂内のサンティニャーツィオ祭室
　コンポジット式のコラム4本の上にブロークン・ペディメント（broken pediment）が配され、その中央部には、父なる神（右手）、子なるキリスト（左手）、聖霊（中央）の像がみられ、聖三位一体が表現されている。三位一体説はカトリック改革を通じて重要教義として再確認され、とりわけ、白鳩によって表される聖霊の表現がバロック教会建築において頻出するようになった。

図版17　『サンティニャーツィオの偽ドーム』
　ドーム直下から観察するとお椀形の丸天井にどのようにドームが描かれているのかが分かる。

図版18　『サンティニャーツィオの栄光』
聖イグナチオの宣教が全世界に遍く及んでいる様子が、身廊ヴォールトの四隅に配された四大陸の寓意像によって表現されている。抽象概念をどのように擬人化して表現するかは、バロック美術においてある程度コード化されており、チェーザレ・リーパ（Cesare RIPA, 1560-1622）の『イコノロジア』（*Iconologia*, 1593）のような事典スタイルの書籍もあった。

図版19　サンティニャーツィオ教会堂（ローマ）の身廊内観
一点透視図法の透視図が平面ではなく半円筒形ヴォールトの表面に描かれており、ポッツォがいかに透視図法に通暁していたかをうかがわせる。

図版20　トーマスキルヒェ（ライプツィヒ）の東側背面外観
　手前に小規模な内陣のアプスがみられ、その背後に上部がバロック様式の鐘楼、ハレンキルヒェ形式の大屋根が聳えている。

図版21　トーマスキルヒェの内陣内観とバッハの墓
　ハレンキルヒェ形式の大屋根が架かっている身廊、側廊部分に比して内陣は小規模である。内陣には周歩廊も祭室も付いていない。内陣奥には尖頭アーチ（pointed arch）がみられ、内陣全体はリブ・ヴォールトに覆われている。後世の様式概念を適用するなら、簡素なゴシック様式ということになる。内陣の床の中央軸線上にはバッハが改葬されている。

図版22　トーマスキルヒェの身廊ヴォールト
　ハレンキルヒェ形式では身廊と側廊のヴォールト高にほとんど差が生じず、身廊上部に高窓の連なるクリアストーリーを設けることができない。したがって、身廊上方は比較的暗い。ヴォールトは単純な交差ヴォールトではなく、さらに細かい直線状のリブが張り巡らされている。

図版23　トーマスキルヒェ（ライプツィヒ）の南側側廊ファサード前のバッハ像
　カール・ゼフナー（Carl SEFFNER）によるこのバッハ像は比較的新しく、1908年に設置された。

図版 24　ニコライキルヒェの北側側廊ファサードと正面ファサード

本教会堂も身廊と側廊の上に大屋根を架けたハレンキルヒェ形式の教会堂だが、屋根形状は通常のハレンキルヒェよりも複雑である。

図版 25　ニコライキルヒェの南側側廊内観

トリビューンを支えるコリント式円柱と写実的な植物を柱頭にあしらった独特の円柱の対比が、厳格な新古典主義的空間に異国趣味の風味を添えている。

図版 26　フラウエンキルヒェ（ドレスデン）の外観
　外観にはコンポジット式ピラスターが巡らされている。1945 年 2 月 13 日、連合国軍によるドレスデン空襲で大きな被害を受け、一部を残して崩落したが、1994 年に再建工事が始まり、世界最大のパズルといわれた気が遠くなるような作業を経て、2005 年に竣工した。

図版 27　フラウエンキルヒェの内観
　内装も写真や実測図面などの資料を駆使して復元された。高さ約100メートルにも達する石造ドームを中心とした集中式平面で、本堂をトリビューンが取り巻いている。かつてバッハも演奏したジルバーマンのオルガンは、もちろん焼失した。

図版 28　フラウエンキルヒェのドーム内観
　巨大な石造ドームは 8 箇所のアーチに支持され、これらのアーチは 8 本のピア（pier）に支えられている。

図版 29　カトリック宮廷教会堂（ドレスデン）の外観

変則五廊式平面であり、外観上は身廊部分が 2 層構成となって中央に高く聳えている。ここで「変則」と判断したのは、側廊が身廊の両脇だけでなく身廊前部と身廊後部にも周歩廊のように巡っているためで、身廊を中心としたある種の集中式平面にもみえる。主祭壇のあるあたりの直上に鐘楼が身廊よりも高く聳え立っている。

図版 30　カトリック宮廷教会堂の内観

側廊直上にはトリビューンが巡っていて、コリント式ハーフ・コラム（half column）が施されている。身廊最奥に主祭壇と主祭壇画がみられる。

図版 31　カトリック宮廷教会堂内のジルバーマン制作のオルガン

身廊の入口直上には、1750年から 1753 年に亡くなるまで名匠ジルバーマンが手掛け、1755 年に完成したオルガンが設置されている。本教会堂もドレスデン空襲でほぼ壊滅したが、オルガンは疎開していて無事だった。

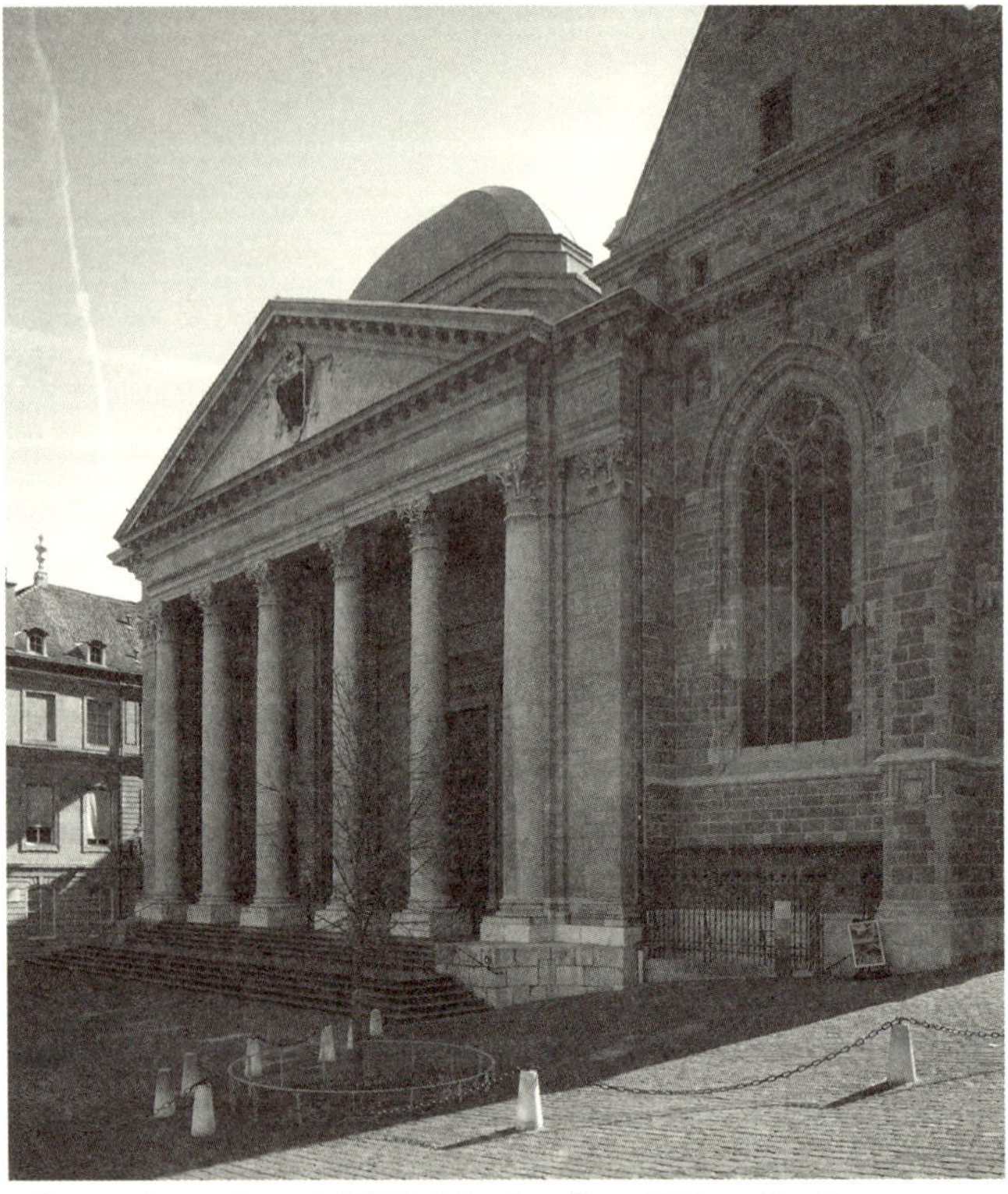

図版 32　サン・ピエール大聖堂（ジュネーヴ）の正面ファサード
　現在の正面ファサードは、本稿で紹介した様々な改装が行われたおよそ 2 世紀後の 1752 年から 1756 年にかけて改装されたものである。三角形のペディメントを頂いたコリント式円柱 6 本が並ぶ六柱式（hexastyle）のポルティコが構成され、古代ローマ神殿風の厳格な新古典主義的様相をまとったデザインである。その右手にマカベ礼拝堂のゴシック様式のファサードが隣接している。

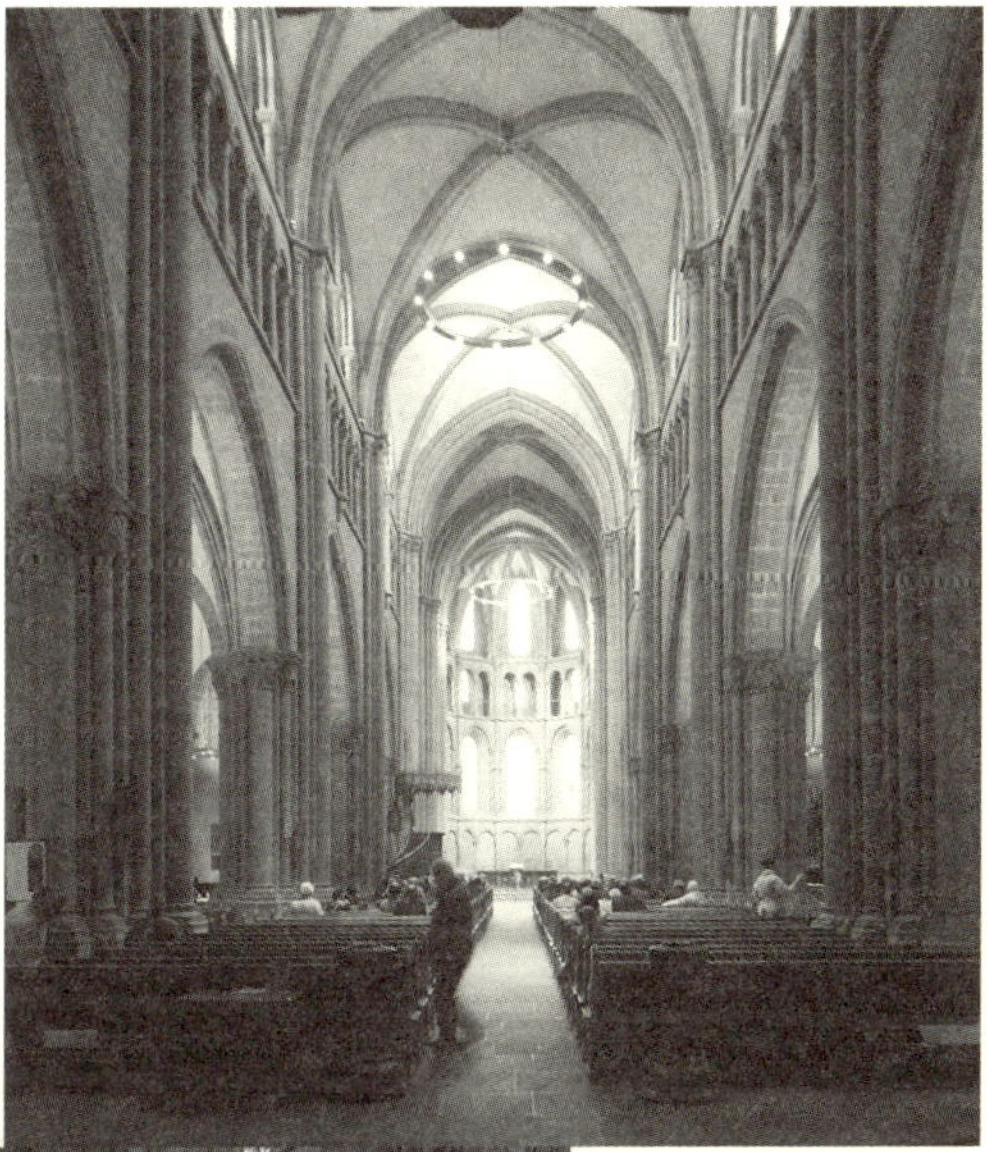

図版33　サン・ピエール大聖堂の身廊内観

身廊と側廊の内観はゴシック様式で、簡素なリブ・ヴォールトを頂いている。北フランスのゴシック建築に比べ、鉛直方向よりも水平方向のプロポーションが優っており、身廊と側廊を隔てる尖頭アーチの幅は広い。

図版34　サン・ピエール大聖堂内の説教壇

ネオ・ゴシック様式の繊細なデザインの説教壇。天蓋の尖頭アーチはフランボワイヤン様式（後期ゴシック様式）の特徴を備えた曲線を描く。

図版35　サン・ピエール大聖堂の内陣内観

周歩廊や祭室を備えていないアプスのみからなる簡潔な内陣。半円形アーチ（round arch）と尖頭アーチ、すなわち、ロマネスク様式とゴシック様式が混在している。

図版36　サン・ピエール大聖堂内の説教壇とベンチ

内陣から入口方向を撮影。説教壇の前面のベンチは内陣ではなく説教壇に正対している。説教壇で行われる説教の重要性がうかがえる配置である。

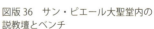

図版 37　サン・ピエール大聖堂内のカルヴァンの椅子
　カルヴァンが座った肘掛け椅子が説教壇の階段に隣接して展示されている。

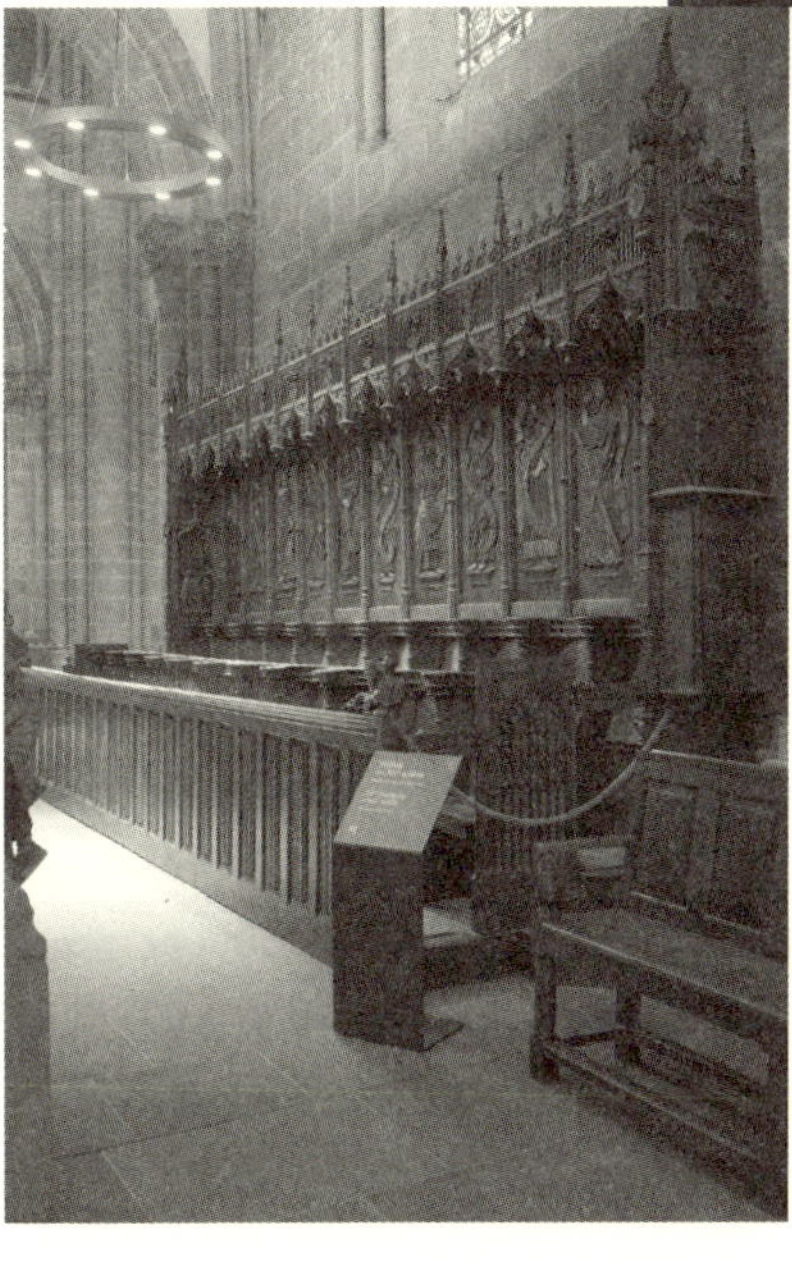

図版 38　サン・ピエール大聖堂内の旧高位聖職者椅子
　本教会堂の中でも最も豊かな装飾が施されている調度品。通常、高位聖職者席はカトリック教会の教会堂では内陣前部の両脇に設置されるものだが、本教会堂では側廊に追いやられている。

図版39　マカベ礼拝堂の内観
　カトリック教会の教会堂には、有力者や有力団体が建立した寄進祭室、寄進礼拝堂が設けられていることが多い。本教会堂が改革派の教会堂に用途変更される際、マカベ礼拝堂は塩貯蔵庫に転用され、その宗教的機能を喪失した。

図版40　サン・ピエール大聖堂の南側側面外観
　側廊と身廊の側面はロマネスク様式が色濃く残っている。

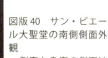

トレント公会議と美術

――奇蹟の聖母像と聖地ロレート――

児嶋　由枝

カトリック教会は、一六五三年に開催されたトレント公会議第二五会議において、礼拝および教化における聖像の重要性をあらためて承認した。同会議において議決された『聖人のとりなしと崇敬、聖遺物、聖像に関する教令』は、「聖像のうちに神性または神の力があるかのごとく表敬してはならない」、「聖像への表敬はそれによって表された原型に向けられるべきである」として、聖像崇敬が偶像崇拝ではないことを確認している。この教令ではさらに、聖像における「誤った教義を表し、あるいは無教養な者をして甚大なる誤

図1　ローマ、サント・ステファノ・ロトンド聖堂、5世紀建造
周壁に殉教場面が描かれている

謬に陥れる表現」や「迷信」「猥雑」、そして「破廉恥」な図像が禁じられた。これを受けて、ジョヴァンニ・アンドレア・ジリオ、ガブリエレ・パレオッティ、フェデリコ・ボローメオなどの神学者が、カトリック教会にふさわしい聖像の主題や様式について詳細に論じた。そして、聖人の殉教や奇蹟の場面が多く描かれるとともに、初期キリスト教時代から奇蹟をおこすとして特別の崇敬をあつめた聖像の復興もはかられる。その背景として、聖像崇敬、聖人崇敬、およびそれらに起因する奇蹟を否定するプロテスタントに対応する姿勢もあることは論をまたない。

本稿では先ず、こうしたカトリック宗教改革期の聖像としていくつかの代表的な作例について論じ、次いで、この時期のカトリック教会にとって重要な聖地として称揚されたロレートの「聖なる家」について考察する。そして最後に、トレント公会議後のカトリック美術のひとつの到達点として、巨匠カラヴァッジョが描いた《ロレートの聖母》に注目したい。

一　トレント公会議後のカトリック美術

トレント公会議後の聖人の殉教図を表した絵画としては、ローマのサント・ステファノ・ロトンド聖堂の壁画が代表的である。サント・ステファノ・ロトンド聖堂はキリスト教の最初の殉教聖人であるステパノを記念して五世紀に建造された（図1）。円形を基本とするプランはエルサレムの聖墳墓聖堂に倣ったと考えられており、初期キリスト教美術を重要視したトレント公会議後のカトリック教会にとって、この聖堂自体が特別であったといえる。この周歩廊に三二の殉教図を描いたのは、カトリック宗教改革期の聖堂装飾を手広く請けおっていた画家ニコロ・チルチニャーニ、通称ポマランチョであった。一五八〇年代前半、彼はマッテオ・ダ・シエナやアントニオ・テンペスタとともに、キリストの時代からディオクレティアヌス帝の迫害時までの聖人達の殉教場面を完成させる。イエズス会士ミケーレ・ラウレターノによる図像プログラムをもとに描かれた多種多様の残虐の殉教場面は、どれもごく素朴で分かりやすい。

たとえば図2を見ると、手前の場面にA、右後方にB、そして左奥にCの字が振られているが、画面下の説明書きから、Aが聖ステパノの石打ち、Bが使徒たちの鞭打ち、そしてCが聖ヤコブ（ゼベタイの子、大ヤコブ）の斬首であることが分かる。説明書きはラテン語とイタリア語の両方で書かれている。この時代にイタリア語の解説がフレスコ画に付されているのは興味深い。ラテン語で銘文が記されるのが一般的であったが、ここでは古典語の素養のない平信徒たちも理解できるよう取り計られているのである。なお、この画面の左上方で光を放っているのは聖人たちが迎え入れられる天国である。

一方、同じくサント・ステファノ・ロトンド聖堂の図3の前景に表されているのは聖ヴィトゥス、聖モデストゥス、そして聖女クレシェンティアの殉教図である。この画面下にあるAの解説文には、高熱で溶けた鉛の中で苦しんでいるところに、さらに煮えたぎるテレピン油と松脂が注がれると記されている。場面は説明書き通りである。

図2　ポマランチョとマッテオ・ダ・シエナ《聖ステパノ、聖ヤコブ（ゼベタイの子）、二使徒の殉教》、ローマ、サント・ステファノ・ロトンド聖堂、1580年代前半

図3　ポマランチョとアントニオ・テンペスタ《聖ヴィトゥス、聖モデストゥス、そして聖女クレシェンティア等の殉教》、ローマ、サント・ステファノ・ロトンド聖堂、1580年代前半

これら殉教図において注目されるのは、なまなましい残酷な場面でありながら、どこか静かで素朴な威厳さえ感じられる点である。殉教者も迫害者もみな、ミケランジェロやラファエロの影響を思わせる堂々たる体躯と威厳のある風貌をそなえていて、殉教の残虐さと独特な対照を見せている。この薄暗い円形の聖堂の中で、はるかいにしえの古代ローマの聖人たちの殉教場面をぐるりと見てまわると、どこか不思議な敬虔な感覚につつまれる。

当時のカトリック教会は、視覚に直接訴える表現を重視した。生誕や復活は喜ばしく栄光に充たされるように、そして受難や殉教は悲痛かつ雄々しく表現されるべきであり、人々は視覚的な体験を通して実際の情景に思いをはせたのである。

その意味で、ローマのサンタ・チェチリア・イン・トラステーヴェレ聖堂にあるステファノ・マデルノ作の大理石彫刻《聖チェチリア》は、この時期のもっとも直截的に感覚にうったえる聖像のひとつである（図４）。

一五九九年、同聖堂を改修していたところ、偶然に祭壇から聖女チェチリアの遺体が発見されたが、それは不思議なことにまったく腐敗しておらず、眠っているようだったという。教皇クレメンス八世をはじめ当時のカトリック教会は歓喜し、彫刻家ステファノ・マ

図4　ステファノ・マデルノ《聖女チェチリア》、ローマ、サンタ・チェチリア・イン・トラステーヴェレ聖堂、1599年

デルノにこの遺体を大理石に写させた。そしてこの彫像は、一六〇〇年の聖年祭においてあまたの巡礼者を惹きつけることとなる。実は、この聖堂が立つ場所にかつては聖女チェチリアの邸宅があったとされる。受難伝によると、彼女はキリスト教信仰ゆえに斬首されるはずだったが、三度にわたって切りつけても生きていたために死刑は中止され、最終的にここで息をひきとったという。白色の大理石から彫り出された聖女チェチリア像は、横向きに頭を伏せ、膝を少し曲げて横たわっている。その姿勢からは死んでいるというよりは臥せっているような印象を受ける。首に刻まれた刀の跡が痛々しい。

トレント公会議後のカトリック教会は、初期キリスト教時代、すなわちキリストの時代、迫害時代、コンスタンティヌス帝による公認後の大規模な聖堂造営期、そして重要な公会議が開催された時代に強い関心をいだいていた。初期キリスト教時代の教会こそカトリックが立ち返るべき姿なのであった。そして、数多くの発掘がおこなわれ、アントニオ・ボーシオは広汎なカタコンベ発掘調査の成果を大著『地下のローマ』（一六三二年）に纏めている（Antonio Bosio, *Roma Sotteranea*）。また、チェーザレ・バローニオはいずれも大部の『ローマ殉教伝集成』（一五八三年）及び『教会史：キリスト生誕から一一九八年まで』を上梓するとともに、初期キリスト教時代の聖堂をあくまで一六世紀の〝考古学〟知識に則って〝修復〟している（Cesare Baronio, *Martyrologium Romanum/Annales Ecclesiastici a Christo nato ad annum 1198*）。このような当時のカトリック教会の姿勢が、宗教美術に独特の実証性と写実性を付与したのであり、マデルノの《聖女チェチリア》もそうした例のひとつなのである。

ところで、この時期のカトリック教会は一方で、一般大衆でも理解できるような分かりやすい聖像も提唱した。かつての聖像が必要以上に洗練されて複雑な図像を表現していたのに対し、トレント公会議後は分かりやすさが重視されたのである。そして「不純さのない」（アンドレア・ジリオ）、明快で平易な図像が描かれるようになる。そこでは特にシンプルな聖母子像や救世主像が好まれた。シピオーネ・プルツォーネが描いた聖母子像はその典型といえる。イタリア美術史学の泰斗フェデリコ・ゼーリはカトリック宗教改革の美術に関する最初の本格的な研究『絵画と対抗宗教改革』を一九五七年に上梓したが、その「プルツォーネの時を超えた美術」という副題が示すように、プルツォーネの芸術をカトリック宗教改革美術の典型とした（Federcio Zeri, *Pittura e Controriforma*）。「時を超えた美術」とは、その単純で明快な構図や、抑制された感情表現、そして明朗さ、および平易さをもって、独特の普遍性を獲得していることを表している（図5）。ローマのボルゲーゼ美術館にあるプルツォーネ周辺の画家の《聖母像》は、こうした聖像の一つであるが、興味深いことに、これと似た聖像が日本にもある。大阪の南蛮文化館所蔵のいわゆる《悲しみの聖母》である（図6）。筆者が別の場所で論じたように、日本にもイエズス会士を通じてこうしたカトリック宗教改革美術が伝わってきたと考えられる（『美術史研究』五五冊、二〇一七年）。

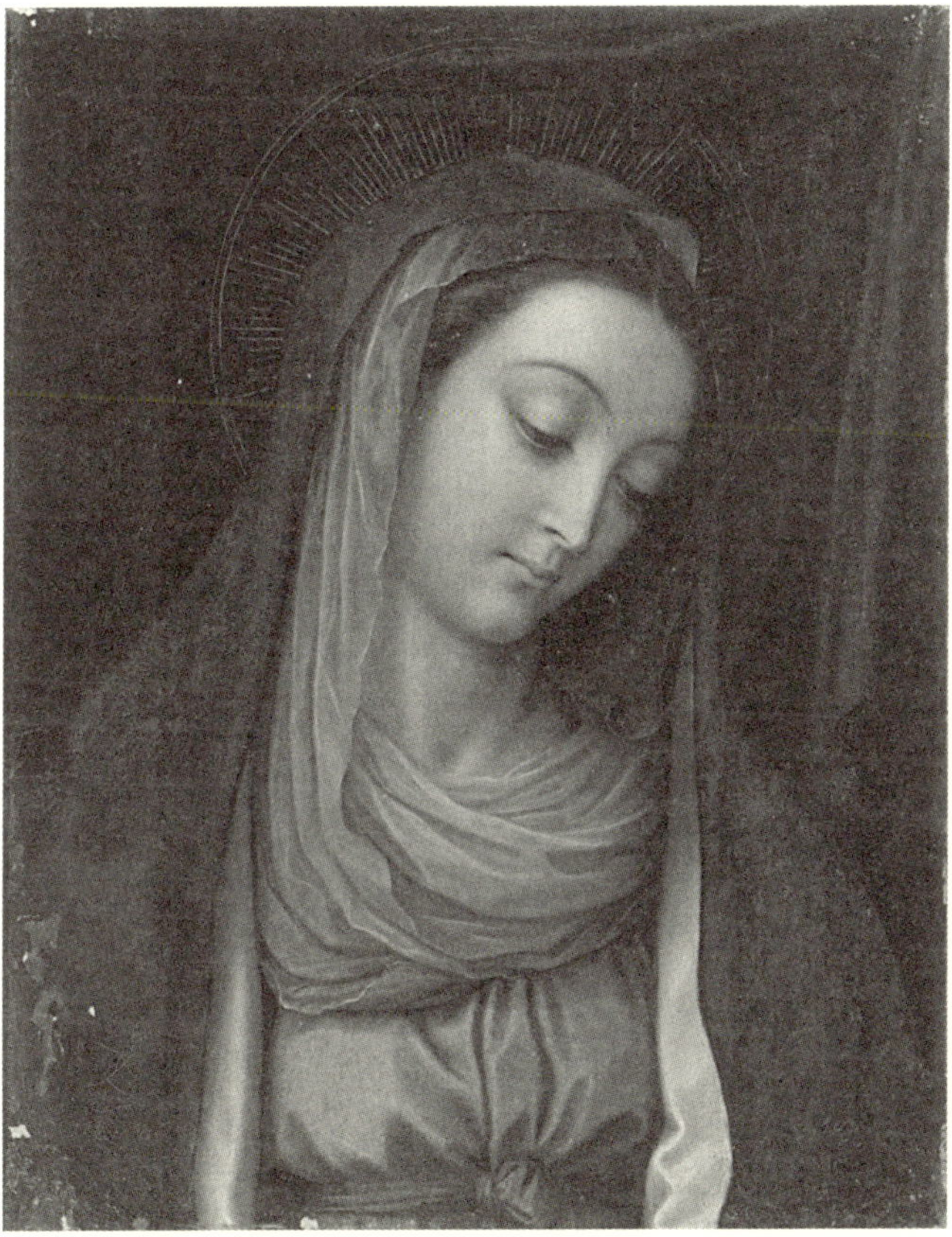

図5　シピオーネ・プルツォーネ周辺の画家《聖母像》
ローマ、ボルゲーゼ美術館、1575 年頃

図6　《悲しみの聖母》、大阪、南蛮文化館

カトリック宗教改革期には中世の奇蹟の聖像への崇敬も高まった。この時期に称揚されたもっとも著名な中世聖像はローマのサンタ・マリア・マジョーレ聖堂パオリーナ礼拝堂の《ローマの人々の安寧Salus populi romani》と呼ばれるイコンである（図7）。この杉板に描かれたホデゲトリア型聖母子イコンの制作年について定説は無く、五世紀から一三世紀の間に位置付けられている。この聖母子像が崇敬をあつめたのは、聖ルカの手によって描かれたという伝承と、数々の奇蹟譚に負うところが多い。例えば五九三年に黒死病がローマに蔓延した際、教皇グレゴリウス一世

図7　《ローマの人々の安寧 Salus populi romani》、ローマ、サンタ・マリア・マジョーレ聖堂パオリーナ礼拝堂

がこの聖母子像イコンを街中に運んで祈ったところ、疫病は終息したとされる。しかし、この聖母子像が特に崇敬をあつめたのはカトリック宗教改革期である。聖像を偶像として非難するプロテスタントに対峙するカトリック教会にとって、聖ルカによって描かれ、古

来、奇蹟的な力を帯びているとされたこの聖母子像は特別な意味をもっていた。特に第三代イエズス会総長フランチェスコ・ボルジア（総長在位一五六五―一五七二年）はこの聖像を崇敬し、彼の寝室にはこの写しが掲げられていた。

二　ロレートの聖なる家

イタリア中部マルケ州アドリア海沿いに位置するロレートは、聖なる家（Santa Casa）を擁する一大聖地である。「聖なる家」とは受胎告知の行われた家、すなわち聖母マリアの生家のことで、伝承によると、一二九一年にアッコンが陥落して十字軍が最終的にパレスチナから敗退する際、天使たちによってナザレからロレートまで空を運ばれたという。この聖地はトレント公会議後のカトリック教会、特にイエズス会にとって重要であった。この章では、この特異な聖地がどのように生成し、崇敬をあつめたかを見ていくこととする。

この「聖なる家」は今日、ルネサンス建築の白眉であるロレート大聖堂の中にたっていいる。ロレート大聖堂の創建は一四九四年であるが、当時、この地は教皇領であった。大聖堂は大規模なラテン十字プランで、交差部にたつ「聖なる家」にクーポラ基部の窓から入る光が注ぐようはかられている（図8）。この「聖なる家」の外壁には、イタリア一六世

図8　ロレート大聖堂、中央に「聖なる家」

紀前半を代表する彫刻家たちの手によって大理石による浮彫が施されている。その主題は、聖母マリアの生家である「聖なる家」にふさわしく《マリア伝》、そしてマリアの「神の母（テオトコス）」としての聖性を証する《キリスト幼児伝》である。アンドレア・サ

図9　アンドレア・サンソヴィーノ《受胎告知》
ロレート大聖堂「聖なる家」外壁面、1523年

ンソヴィーノの手になる「聖なる家」正面の《受胎告知》では、遠近法を用いて巧みに建築空間を配した中に、告知の場面が厳かに展開されている（図9）。

こうした外観に対して、内部は中世の構造や装飾をとどめ、古びた印象をあたえる（図10）。祭壇向かって両脇および手前の壁面にはフレスコ画の断片が残っているが、破損が激しい。しかしそれこそがこの空間がはるかいにしえに遡ることを示すと考えられ、決して手を加えられることはなかった。現在、これらは一四世紀ウンブリアの地方画家たちの手によるとされるが、どれも素朴な温かさを感じさせる（図11）。奥の壁にあるルネサンスの祭壇には、ダルマチカを纏った《ロレートの聖母》が安置されている（図12）。これは一九二一年の火災で焼失した《ロレートの聖母》

図 10　ロレート大聖堂「聖なる家」の内部

図 11　《聖母子と２聖人》断片
ロレート大聖堂「聖なる家」

の忠実な複製である。後に言及する一五世紀のジャコモ・リッチの著作は、「聖なる家」には福音書記者ルカの手になる聖母子像があり、ナザレから天使によって「聖なる家」とともに運ばれたと伝えている。しかし、実際には一三世紀頃の木彫と考えられている。

「聖なる家」のナザレからの飛来伝承は、一五世紀後半に著された二つのテキストに負っている。ピエトロ・ディ・ジョルジョ・トロメイ、通称テラマーノが一四六五年から一四七二年の間に記した『(聖なる家の)奇蹟の遷移』と、ジャコモ・リッチによる一四七〇年代中頃の『ロレートの聖母マリアについての史話』である。前者のすぐ後に後者は書かれているが、その性格は大きく異なる。そして、短い期間のあいだに「聖なる家」の飛来伝承の性格が変容したことは、聖地ロレートの生成と密接に結びついていると考えられる。

今日「聖なる家」と呼ばれる建物はかつて、小さな農村であったロレートの東はずれに

図 12 《ロレートの聖母》(13 世紀頃の彫像の複製)
ロレート大聖堂「聖なる家」

たつ、聖母マリア像を祀る小さな聖堂であった。この聖堂の存在を伝える最も古い史料は、一三一三年の同聖堂内での略奪に関する訴訟記録である。その後、一五世紀に入るとこの聖像への信仰が高まり、聖堂への寄進も盛んとなった。こうして急増した聖堂の収益の帰属をめぐって、ロレートの住人とロレートを管区としていたレカナーティ司教座との間での諍いがおこる。このような状況のもとでテラマーノは『奇蹟の遷移』を書いたのであった。地元ロレート出身で、サンタ・マリア聖堂、すなわち今日の「聖なる家」の司祭であったテラマーノは、「飛来」伝承を俗語で書き、これを参詣者が読むことができるよう聖堂入り口の柱に掲げた。これが『奇蹟の遷移』である。掲示用に書かれたため、文章は短い。その概略は以下である。

ロレートの聖堂は、聖母マリアが生まれ育ち、イエスが受肉した場所である。マリアの永眠後、使徒たちはこの家を聖堂にした。しかし、イスラムの脅威に曝されたため、一二九一年、天使たちによって運び去られてアドリア海上を渡った。そして、レカナーティ司教区の海岸近くの林の中に置かれて多くの巡礼者をひきつけるが、寄進の略奪が続く。これを見た天使たちはレカナーティ司教区内を転々とし、最終的に現在の場所を選んだ。その後、レカナーティのとある隠者の夢に聖母マリアが現れて、この聖堂の由来を告げた。多くの近隣住民たちも、「聖なる家」が天空を運ばれている光景を目にしたという家族の言い伝えを報告した。かくして、この聖堂のたぐいまれな聖性が明らかとなったのである (Pietro Giorgio Tolomei, *Traslazio miraculosa*, in: *Loreto. Eine Geschichtskritische Untersuchung der Frage des heiligen Hauses*, ed. G. Hüffer, 2vols, Münster 1913-1921, vol. 1, pp. 22-26)。

この『奇蹟の遷移』がすでに地元の人々の間に膾炙されていた伝承を纏めたものか、あるいはテラマーノの完全な創作なのかは詳らかでない。ともあれ、興味深いのはその地方色の濃さである。「聖なる家」はレカナーティ司教区内をさまよった後に、最終的にロレートを安住の地に選ぶが、その背景として、ロレートと近隣地域との軋轢があったことが想像できるのである。

これに対し、ジャコモ・リッチの『史話』は内容の多くをテラマーノの物語に負いながらも、その性格はまったく異なる。そもそもブレーシャ大聖堂参事会員だった彼は教養高い人文主義者として知られ、『史話』も教皇庁の依頼を受けてラテン語で著しているのである。リッチの『史話』における新機軸を見ていくと、先ず、「聖なる家」への寄進の所轄をめぐる争いが繰り返し記述されているが、そこで仲裁に入るのは常に教皇である。さらに、「聖なる家」の遷移は聖母マリアの意思によるもので、聖母マリアはアドリア海を渡ることを決めた際に、「Italos meos（我がイタリア人たちのもとへ）」と語っている。聖母マリアが、聖地パレスチナを捨てて安住の地として選んだのは、ロレートという小邑というよりは、教皇のいるイタリアなのである。

このようにリッチの『史話』においては、聖地ロレートは教皇庁の権威と直接結び付けられているが、これに関して注目されるのは、『史話』の執筆時期と同じ頃、一四七〇年に教皇パウルス二世が出した三つの勅書である。その内容は、ロレートを教皇直轄地にすること、今日のロレート大聖堂造営の決定、そして、ロレート大聖堂を詣でた全ての人々への全贖宥の認定である。教皇庁がいかにロレートを重要視していたかがうかがえる。

この政治的背景として、一四五三年のコンスタンティノープルの陥落がある。これによってパレスチナの聖地をキリスト教徒が奪回することは不可能となり、さらに東方正教会の権威も失墜した。こうした状況のもと、ローマ教皇庁はイタリアの地、なかでも教皇領内に、聖母マリアの意向によってナザレから飛んできた至高の聖地を確保したのである。さらにロレートは実際的な機能も担っていた。高台からアドリア海を臨むロレートは、教皇領へのトルコ軍襲来に備えての防衛拠点となったのである。その一世紀の後、教皇ピウス五世は、ロレートの聖母の奇蹟によって、一五七一年のレパントの戦いは勝利したと宣言している。

一六世紀に入ると、告解によって全贖宥を得ようとするロレート巡礼者の数が急増したため、教皇ユリウス三世はイエズス会士を専属の聴罪司祭に定めた。その後イエズス会は一八世紀末までロレート管轄をになう。そもそもロレートは、イエズス会の結成期から同会と密接な関係にあった。聖イグナチオ・ロヨラは、最初のイタリア訪問の際にロレートに巡礼している。彼はまた、イエズス会の修練者に徒歩でロレートの聖地まで詣でることを課していていた。その背景として、プロテスタントがロレートの「聖なる家」飛来伝承をカトリックの迷信を象徴するものとして非難していたことが指摘されている。しかしそれ以上に重要なのは、「聖なる家」がナザレからイタリアまで移動してきたことであろう。大海を渡り、遥か異教の地において布教を進めていたイエズス会士たちにとって、「聖なる家」が海を超えて空間を移動してきたことは、彼等の活動になぞらえられるが故に、特別な意味を有していたと考えられるのである。

ところで、ルネサンスの人文主義者であったジャコモ・リッチは、「聖なる家」がナザレからイタリアまで空を飛んできたという非現実的な出来事が真実なのは、神の御業ゆえであることを、『史話』において次のように説いている。

私はどうして信じられないような出来事について語っているのであろうか。語るべきか、あるいは黙しておくべきか。しかし、神の御業を明らかにすることは良いことなのである。我々はまた、神においては全てが可能であることを知っている。実際、次のことについて思いをめぐらすことはこの上なく素晴らしいことである。すなわち、どのように岩が動き、渇いた人々のために甘い水が湧き出したのか。あるいは、どのように海が分かれ、イスラエルの民は足を濡らすことなく渡渉できたのか。もしくは、何の導きによって日々、太陽は沈み、また昇るのか。そして、どうして無から万物が創造されたのか。人はみな、こうしたことについて観想することを怠っているのである(Giacomo Ricci, *Virginis mariae loretae historia*, ed. G. Santarelli, Loreto 1987, pp. 116)。

ここで、アウグスティヌスの『告白』における創世記の理解を思いおこしても間違いではないだろう。

こうしたリッチの神の御業に対する敬虔さは、聖人や聖遺物に起因する奇蹟を称揚するカトリック教会の姿勢につながるものである。そして、それは、次の章で扱うカラヴァッジョの作品など、ときに素晴らしい造形芸術に結実するのである。

三　カラヴァッジョの《ロレートの聖母》

ルネサンス期からバロック期にかけて、ロレートの聖母は数多くの画家によって描かれ

図 13　クラウディオ・リドルフィ《ロレートの聖母》
ウルビーノ大聖堂、16 世紀末～ 17 世紀初頭

てきた。その画面構成は基本的に同じで、ロレートの聖母が腰かける「聖なる家」が天使たちによって天空を運ばれている情景が表される。ウルビーノ大聖堂にあるクラウディオ・リドルフィが描いた祭壇画もそうした例のひとつである（図13）。興味深いことに、日本の大阪府茨木市千提寺にもこのタイプの《ロレートの聖母》が伝わっている（図14）。千提寺がかつてキリシタン大名高山右近の所領であり、右近が親交を結んだイタリア人イエズス会士オルガンティーノが日本に派遣される前はロレート神学校長であったことを鑑みれば、決して不思議なことではない（児嶋『上智史学』五六、二〇一一年）。

図14　ヤコポ・サンソヴィーノ工房《ロレートの聖母》、大阪府茨木市千提寺中谷家所蔵、16世紀中葉

こうしたいわば定型化された《ロレートの聖母》に対して、ローマのサンタゴスティーノ聖堂にあるカラヴァッジョの《ロレートの聖母》はあらゆる点で革新的である（図15）。

先ず、構図である。カラヴァッジョの《ロレートの聖母》では、聖母子は扉口に

図15　カラヴァッジョ《ロレートの聖母》
ローマ、サンタゴスティーノ聖堂、1603-05年

立っているかのようである。しかし実際には、聖母子の向こうに描かれた隅柱は彫像の《ロレートの聖母》が置かれている壁龕脇の付け柱からきている（図12）。一六世紀には「聖なる家」にある彫像の《ロレートの聖母》を表した版画が各種出まわっていた。どれも忠実な写しではなく、かなり自由な解釈が加えられている。カラヴァッジョはそうした版画を参考にして《ロレートの聖母》を描いたのである。たとえばニコラ・ベアトリゼの版画では、彫像の《ロレートの聖母》は方形の台の上に立っているが（図16）、これがカラヴァッジョの《ロレートの聖母》では聖母子が立つ敷居に転化している（図15）。

図16　ニコラ・ベアトリゼ《ロレートの聖母》（但し書き：「ロレートの聖母の忠実な写し」）16世紀中葉、大英博物館

ここで表されているの

は、「聖なる家」にある彫像の《ロレートの聖母》の前でひざまずく貧しい男女の前に、実際に聖母子が顕現する場面である。これら巡礼の男女はヴィジョンを見ている。ヴィジョン（ラテン語でvisio）は、見ることを意味する。幻視と訳される場合もあるが、見える人には実際に見えているのだから厳密には正しい訳語とはいえない。まさに奇蹟的な顕現なのである。そして、着目すべきことに、この画面を見ている我々もまた、この奇蹟的な顕現の場面に参加している。聖像（カラヴァッジョの絵画）を通して聖像（画中に描かれた彫像の《ロレートの聖母》）による奇蹟的なヴィジョンを見るという意味で、二重のヴィジョンが表されているといえる。トレント公会議以降、カトリック教会は聖像を信仰における重要な手段として再確認したが、ここではまさしくカトリック教会にふさわしい表現となっているのである。

もっとも、こうした画中の聖像を介した二重のヴィジョンの表現はカラヴァッジョが生み出したものではない。アッシジのサン・ダミアーノ聖堂で聖フランチェスコに語りかけた板絵磔刑図のキリストなど、聖像を通してヴィジョンを見る例は多い。そして、アッシジのサン・フランチェスコ聖堂に描かれた同主題のジョットの絵をはじめとして（一三世紀

図17　ルドヴィコ・カラッチ
《グレッジョでの聖フランチェスコのヴィジョン》
アムステルダム国立美術館、1585年頃

末）、そうした場面を描いた作例はいくつもある。図17は、アッシジの聖フランチェスコが、降誕祭でプレセピオ（キリスト降誕の情景の再現）を準備していると、幼子イエスが顕現したという奇蹟の場面である。聖フランチェスコの背後には聖母マリアが立っている。カトリック改革期を代表するもうひとりの画家ルドヴィコ・カラッチによる神秘的な作品である。

しかし通常、画中でヴィジョンを見るのは聖人である。これに対し、カラヴァッジョの《ロレートの聖母》でヴィジョンを見るのは、巡礼のごく貧しい男女である。一六〇〇年の聖年でローマの路上にあふれていた貧しい巡礼者を写したのであろう。二人とも粗末な身なりで、男は汚れた足の裏をこちらに突き出している。皺が深くきざまれた女は彼の母と思われる。この絵が公開されたとき、押し寄せた民衆はひどく動揺したという。自分達と同じ貧しい身なりの男女の前に聖母が顕現するという光景に驚いたのである。同時に、彼らは、これら貧しい巡礼者の姿に自らを託していたに違いない。民衆にひらかれた宗教美術を提唱した、トレント公会議以降のカトリック教会の指針に合致した聖像である。

ところで、このカラヴァッジョの《ロレートの聖母》では、薄暗い空間に光がさし込んでいるように描かれている。これはカラヴァッジョが完成させた新しい表現であり、独特の象徴的な効果を生み出している。カラヴァッジョの他の作品を見ると、たとえば《マタイの召命》では、徴税人であるレヴィ（後のマタイ）を召すために収税所に入ってきたキリストの背後から光がさしている（図18）。左端で貨幣を数えるマタイにむかって腕を伸ばすキリストとともに神の光がさし込み、うつむくマタイの顔の半分のみを照らしているのである。宮下規久朗氏が指摘したように、これは改宗の瞬間を表現したものであろう（『カラヴァッジョ——聖性とヴィジョン』名古屋大学出版会、二〇〇四年）。マタイは次の瞬間に立ち上がり、そのときはじめて光は顔全体を照らすのである。この場面の典拠

図18　カラヴァッジョ《マタイの召命》、ローマ、サン・ルイジ・デイ・フランチェージ聖堂、1599-1600年

であるマタイ福音書九章九節には「(イエスは)『わたしに従いなさい』と言われた。彼は立ち上がってイエスに従った。」とある（新共同訳）。マタイはキリストの一言を聞いただけで、すみやかにすべてを捨ててキリストに従うのである。この奇蹟的な瞬間をカラヴァッジョは一条の光によって見事に表現している。一方、テーブルについている人々は羽根飾りのついた帽子など当世風の格好で一見、風

俗画のように見えなくもない。しかし、右端からさし込む神の光の表現により、画面は崇高な場面に劇的に変化しているのである。

このような劇的で荘厳ともいえる宗教画を描いたカラヴァッジョは、実生活では喧嘩と殺傷沙汰に明けくれていた。攻撃的かつ破滅型で、一六〇六年には喧嘩で若者を刺し殺したためにローマから逃げ出す。そして、刺客の影に怯えながら一六一〇年に客死するまで放浪を続けた。このすさんだ逃亡生活のなかで描いた彼の晩年の作品はしかし、どれも不思議な静謐さをたたえ、深く心をうつ。たとえば《ラザロの復活》を見ると、キリストの姿勢は《マタイの召命》とほぼ同じだが、ここでは暗い沈黙の背景が画面の多くをしめている(図19)。キリストの背後からさし込む神の光をラザロが全身に浴びるその瞬間が表現されているが、ラザロの姿に生気はまったくない。両手を広げて硬直したままのその姿は、磔刑のキリストを思い起こさせる。ここで表されているのは、この世での復活ではないようにさえに筆者には思える。死の影に怯えていたカラヴァッジョは、神の光を浴びるラザロに自身を重ね合わせ、死後の復活と救済を念じていたのかもしれない。実際、カラヴァッジョの抑えきれない気性の激しさや残忍性は深い宗教性と表裏一体をなしていたの

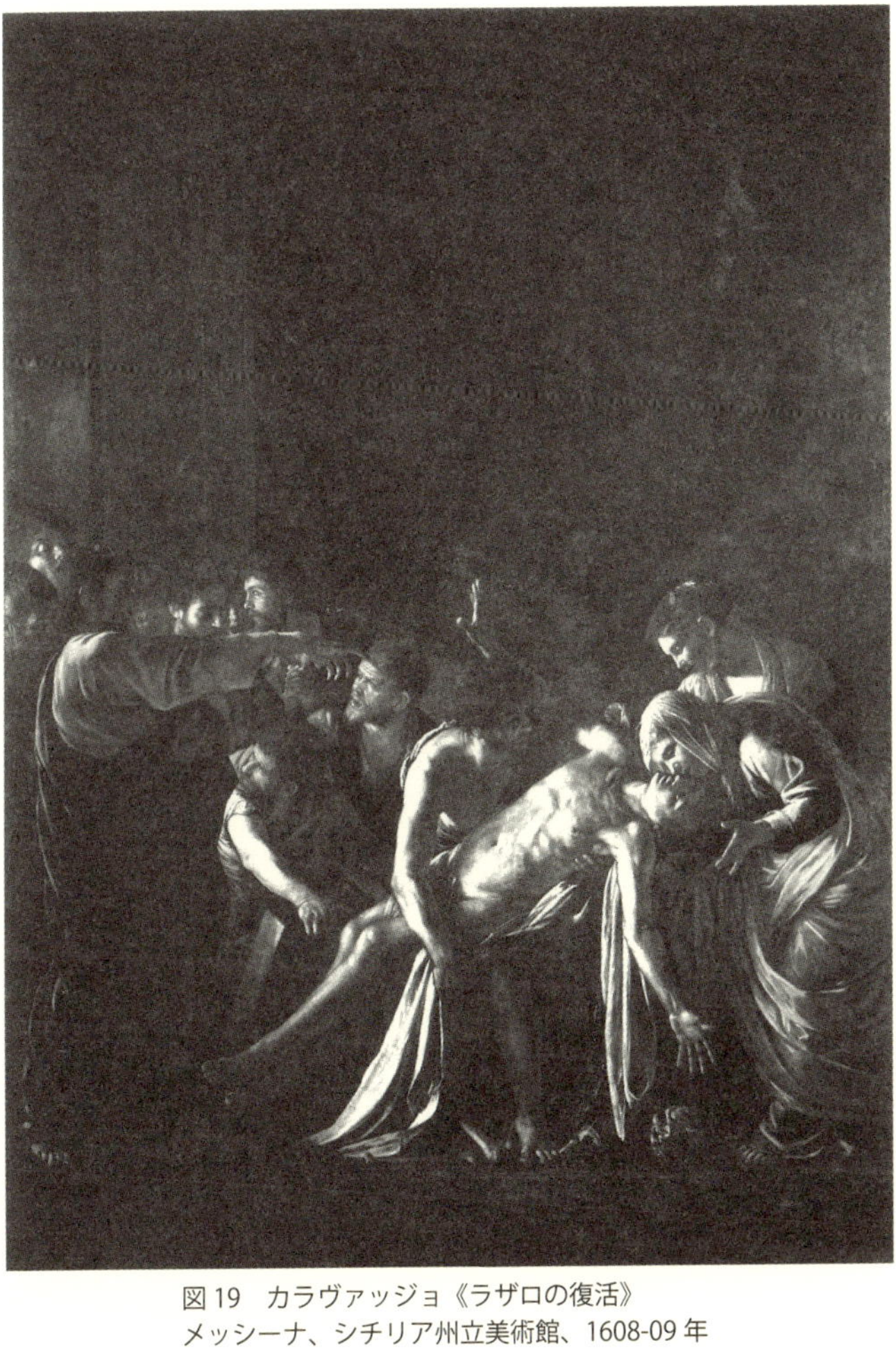

図19　カラヴァッジョ《ラザロの復活》
メッシーナ、シチリア州立美術館、1608-09年

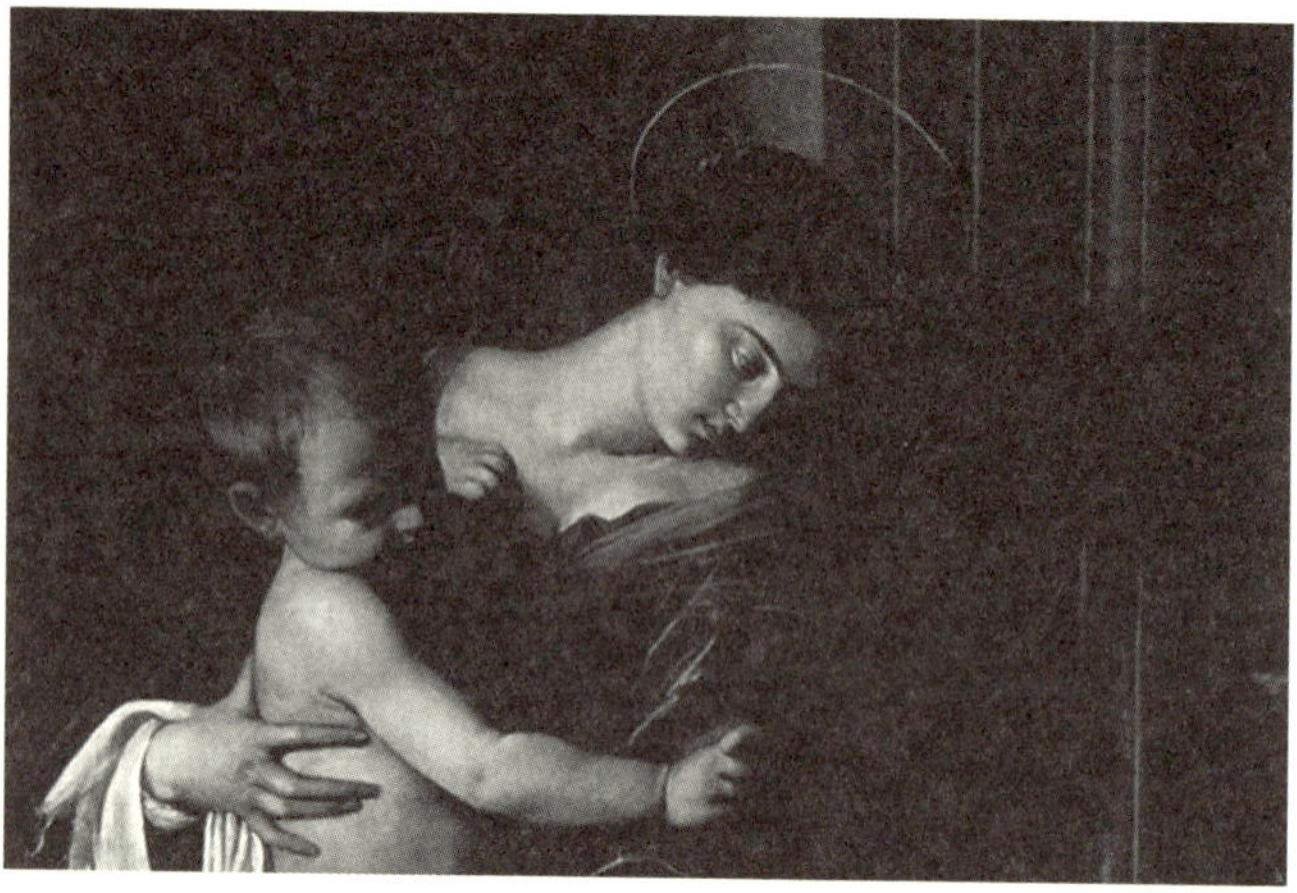

図20　カラヴァッジョ《ロレートの聖母》
ローマ、サンタゴスティーノ聖堂、1603-05年、部分

であり、それが彼の芸術に結実したといえる。

　カラヴァッジョの《ロレートの聖母》に戻ると、ここでは、左からさす光は聖母子にのみ強くあたっており、このロレートの聖母が別の次元に属していることが理解できる。聖母のまなざしは捉えどころがなく、聖母子をすがるように見つめる巡礼の男女とは対照的である（図15）。さらに、キリストの顔は影に隠れて何を見ているのか判然としない（図20）。影で暗くなっているキリストの顔の表現は、《マタイの召命》や《ラザロの復活》と同じである。光はキリストの背後からさし込み、キリストとともに対象を照らすのである。そして、貧しい巡礼の男女は、やわらかい沁みわたるような光に包まれている。カラヴァッジョ独自の光の表現によって奇蹟が率直に示されているこの絵は、まさにトレント公会議後のカトリック美術のひとつの到達点といえる。

二〇一七年度　聖書講座　シンポジウム

宗教改革期の芸術世界

日　時　二〇一七年一一月一八日（土）

提題者　中島　智章（工学院大学准教授）

児嶋　由枝（早稲田大学教授）

礒山　　雅（国立音楽大学招聘教授／大阪音楽大学客員教授）

司　会　竹内　修一（上智大学教授）

竹内　午前中は、中島先生から、宗教改革期の教会建築についてお話を伺いました。午後は、まず、児嶋先生からトレント公会議期のカトリック美術について、特に奇跡の聖母像を中心にしてお話を伺いました。続いて、礒山先生から、バッハのヨハネ受難曲について、その受難の道筋に関するとても緻密な研究の足跡を伺いました。

これから、シンポジウムを開始したいと思います。今回の講演会のテーマは、「宗教改革期の芸術世界」となっていますが、まず、そもそも芸術とは何か、という点について考えてみたいと思います。おそらく、芸術とは、人間の中にあるまだ具体的な形をとっていないもの、思想であるのか哲学であるのか、あるいは宗教であるのか、そういったものが、何らかの具体的な形を取って表現されたものではないか、と思います。一つの体現（embodiment）です。あるいは、単に感覚に訴えるのではなく、その背後にあるものの表現ではないでしょうか。それは、ある特定の時間・空間に制限されることなく、むしろ、それらを突破するものだと思います。だからこそ、何世紀にもわたって、私たちの心を捉えて離さないのではないかと思います。

まず、礒山先生の方から、中島先生にご質問があるとのことですので、よろしくお願いします。

教会堂空間と音楽の発展

礒山　中島先生は、写真とともにあのライプツィヒの教会についてお話してくださいましたが、実は、私も今年の六月に行って参りました。ニコライ教会では、三階席でモンテヴェルディ（Claudio Giovanni Antonio Monteverdi）の『聖母マリアの夕べの祈り』（Vespro della Beata Vergine）の感動的な演奏を聴きました。その時は、（教会の柱が邪魔だな）と思ったのですが、今日のお話を伺ってみると、（なるほどな）と大変勉強になりました。

教会で音楽を聴く場合、雰囲気もさることながら、音響効果についても大変驚かされます。そのあたりのことについて、お伺いしたいと思います。普通は一階席にたくさんの座席があって、しかも互い違いに向いています。そうすると、演奏者が見えません。しかし、高い所から音楽が下に降りて来るように聴こえます。特にオルガンなどは、すごくやわらかな響きを伴って、天上的な効果を持って聴こえてくるようです。教会空間と音楽の発展は、やはり、大変結びついている、と理解できます。そのあたりのことについて、設計者や建築家は、いったいどのように考えていたのか、お伺いしたいと思います。

中島　いくつか前提条件があります。まず、建築における音響学は、現在、確かにあります。また、建築家が音響について考えるという姿勢は、古代からあります。例えば、現在まで伝わっている古代唯一の建築書に、ウィトルウィウス（Vitruvius）の『デ・アルキテクトゥーラ』（De Architectura）――日本語では『建築十書』と呼ばれます――という書物があります。その第五章には、劇場建築について述べられている箇所があります。その中に、ちょっと謎の存在なのですが、「音響壺」についての言及があります。それを観客席に埋めて音響をよくする、といったことが書かれています。このように、建築家が、音響について何か考えるといった態度は、確かにありました。

ところが、ここからが問題で、科学的な音響学が何時頃からあるのかといいますと、実は、結構新しいのです。かつて、フォーサイス（Michael Forsythe）が、その辺りの建築音響に関する通史をまとめました。それによると、音響学は、どんなに古く見積もっても、二〇世紀以降だろうということです。そうすると、例えば、ヨーロッパの一九世紀にできたオペラ劇場や、もっと前ですと、ヴェルサイユ宮殿付属劇場などは、結構音響はいいのですが、正直、それらは偶然の産物ではないか、と考えられます。もちろん、そうは言っても、音楽に関わる建物を建てる以上、音響のいいものを作ろう、といった意識はあります。

例えば、劇場建築の場合、内装を全部木にするなどです。木製にするということには、楽器とのアナロジーがあるわけです。例えば、ヴァイオリンなどは木でできています。ですから、内装を全部木にすれば、音響が良くなるだろう、といった考えもありました。しかし、科学的に言えば、木材は吸音材ですから、むしろ音は響かなくなります。つまり、残響が短くなります。ですから、例えば、バロック時代のオペラなどは、どちらかというと残響が短いことを前提とした音楽ではないか、と思います。

逆に、これは礒山先生にお尋ねしたいのですが、バッハの受難曲は、どちらかというとオペラ的な構成で、アリアもレチタティーヴォもある。そうすると、音楽自体もオペラに近いものとなり、残響が短いことを前提とした音楽となります。しかし、教会で演奏すると、やはり残響は長めになります。実際、どういう対処の仕方があったのかな、と思います。

話は戻りますが、建築家の立場としては、音響を良くしようという意識はありました。しかし、一生懸命作っている中で、あるものは成功しますが、そうでないものも結構あります。例えば、これは残っていないのですが、パリのテュイルリー宮殿(Palais des Tuileries)付属劇場などです。バロック時代に作られた劇場は、かなり良い音響効果を持っていたものもありますが、失敗例もあります。そのような状況の中で、建築家は頑張っていたのではないか、と思います。

それから教会堂についてですが、特にカトリックの場合、教会堂は、本来ミサのための空間ですから、たとえそれが音楽と結びついていたとしても、音楽を聴くことが主たる目的ではありませんでした。ですから、どの程度音響について考えたのかと考えてみますと、やはり、劇場や音楽ホールなどと比べると、意識は薄いかなと思います。むしろ、音楽家の方が、その建築空間の活かし方を考えていたのではないか、と思います。

礒山先生のお話の中にも出てきた、モンテヴェルディが楽長を務めていたヴェネチアのサン・マルコ礼拝堂（Basilica di San Marco）では、あの空間を使って、一六世紀後半から、コーリ・スペッツァーティ（cori spezzati）という分割合唱の技法が発達しました。これなども、音楽家が、建築空間を活かしていた例ではないかな、と思います。

礒山　最後のところは、全くその通りだと思います。

宗教改革以降における図像の変遷

中島　先ほど言い洩らしたこともありますので、そのことと絡めて質問したいと思います。そもそも宗教改革期とは、何時から何時までなのでしょうか。仮に一六〜一七世紀としますと、その間、カトリックとプロテスタントの教会堂には、様々な図像があります。中世の教会堂などは、石の聖書という呼び方もあるように、彫刻やステンドグラスによって図像を表現しています。それらによって、キリスト教のいろいろな教義などが伝えられました。私も、ヨーロッパのいろいろな教会堂を見てきましたが、特に最後の審判が、主題として大事に扱われていたような気がします。例えば、フランスのゴシック聖堂であれば、パリのノートルダムが代表的だと思います。まず正面のファサード（façade）の真ん中の身廊の前のポルタイユ（portail）、すなわち、大扉の直上に最後の審判が描かれていて、さらにその真上のばら窓のところにも、最後の審判のステンドグラスが設置されています。

ところが、カトリック改革以降のカトリックの教会堂では、最後の審判の図像はあまり目立っていません。むしろそれに代わって、白い鳩、すなわち、三位一体の一つの位格である聖霊が、かなり飛躍的に増えているような気がします。例えば、ドームのランタン――光を取り入れる頂塔――の天井には、白い鳩が描かれています。あるいは、内陣の奥のオレンジ色に輝くステンドグラスに、白い鳩が表現されています。サン・ピエトロ大聖堂などがそうですね。また、天使も多く描かれています。これは、ローマの事例だけでなく、特にバロック建築で有名なレッチェ（Lecce）という町――イタリアの踵の部分にあたるプーリア州の都市――のバロック時代の教会堂を見て歩くと分かりますが、たくさんの天使が描かれています。その天使は、童の顔と翼だけで表現されています。これは、セラフィムやケルビムなどの上位の天使です。そのことの神学的背景についてもお聞きしたいのですが、まず、美術史の方からいかがでしょうか。

児嶋　大変重要なご指摘を、ありがとうございます。確かに、カトリック宗教改革期前の中世やルネサンスまでは、ある程度、聖堂装飾の図像プログラムは決まっていました。入口上部やカウンター・ファサード（ファサード内壁）に最後の審判の図像が、そして、身廊（内部の両側上部の壁）には旧約伝や新約伝が表されるのが一般的でした。また、内陣にはキリストの再臨や栄光と関係する図像が展開していました。ところが、トレント公会議以降、カトリック宗教改革の中で身廊には初期キリスト教時代の聖人の受難場面がドラマチックに展開される例が多くなります。また、天井にキリストの栄光を讃える場面が展開し、内陣には聖体を称揚する図像が現れるようになります。

そもそも、三位一体や聖体に関係する問題は、カトリック宗教改革期の重要なトピックで、その時期にはさまざまな三位一体の表現が登場しています。《神秘の子羊》や《キリストの磔刑》などの関連図像も強調されるようになります。それは、三位一体の教義をどのように造形化するか、といった問題ともかかわってきます。個人的に興味があるのは、《聖餐三位一体》(Trinitatis eucharistica) という図像です。これは、祭壇にキリストが三人並び、その手前に聖杯が三つ、さらにその手前にホスチアが三つ並んでいるという特異なものです。興味深いことに、現存するこの図像作例の殆どは、一六世紀後半のカトリック宗教改革期にてがけられています。ところで、宗教改革後、カトリックでもプロテスタントでも聖体／聖餐が重要な問題となりますが、音楽においてはどのように反映されているのでしょうか。

聖体と受難

礒山　聖体を読み込んだ有名なクラシック音楽といえば、モーツァルトの『アヴェ・ヴェルム・コルプス』（Ave verum corpus）があります。聖体は、カトリック神学においては重要視されますが、プロテスタントの方では、音楽作品においては、意外と少ないと思いますね。

児嶋　受難のキリストの体、まさにエウカリスチアですが、カトリック宗教改革期の美術では、そのキリストによって代表される様々な図像もあります。たとえば「聖グレゴリウスのミサ」という主題を描いた絵画では、祭壇上に受難具とともに出現したキリストの聖痕から血がしたたるさまが表されています。

礒山　カトリックの考え方とプロテスタント、特にルター派の考え方には、やはり、大きな違いがありますね。ルター派は、基本的に受難を非常に重んじており、復活においても受難を思い返す、といった発想があります。ですから、バッハのカンタータなどでも、復活の日のためのカンタータなのですが、結構暗かったりします。東方教会などでは、復活の重要性は非常に高く、パーッと喜ぶ感覚があります。ヨハネ福音書の解釈などでも出てきましたが、私は、大変興味深く思っています。

 人間を照らすいのちの光

竹内　児嶋先生の発表の中で、光の話が出てきました。カラヴァッジョ（Michelangelo Merisi da Caravaggio）の絵に描かれた光は、どこから注がれてるのか。確かに、光は、キー・ワードの一つだろうと思います。ご存知のように、創世記の冒頭は、次のように語られます。「神は言われた。『光あれ。』こうして、光があった。神は光を見て、良しとされた。神は光と闇を分け、光を昼と呼び、闇を夜と呼ばれた。夕べがあり、朝があった。第一の日である」（一3―5）。この後、同じパターンで五日間が語られます。

「『光あれ』と言われた」と語られますが、これは、言葉を使って創造の営みがなされた、ということでしょう。神の創造の営みの原点には、神の御言葉がある、ということです。このことは、また、新約聖書にも受け継がれます。それは、ヨハネによる福音書の冒頭です。「初めに言があった。言は神と共にあった。言は神であった。この言は、初めに神と共にあった。万物は言によって成った。成ったもので、言によらずに成ったものは何一つなかった。言の内にいのちがあった。いのちは人間を照らす光であった。光は暗闇の中で輝いている。暗闇は光を理解しなかった」（一1―5）。

ヘブライ語のダバールからギリシア語のロゴスへと変わっていますが、明らかに創世記が踏まえられていることがわかります。ここで語られる言は、神の御言葉としてのイエス、と解釈していいだろうと思います。そこにおいて、イエスの存在と光が、重ね合わされます。その後で、こう語られます。「言は肉となって、わたしたちの間に宿られた。わたしたちはその栄光を見た。それは父の独り子としての栄光であって、恵みと真理とに満ちていた」（一14）。真理は、「アレーテイア」というギリシア語の訳ですが、「恵みとまことに満ちていた」という翻訳もあります。このアレーテイアの背後には、ヘブライ語のエメト（まこと、真実）がありますが、この点は、去年の聖書講座のテーマ「慈しみとまこと」に重なります。

真理の霊としての聖霊

竹内　聖霊との関係については、マタイによる福音書の次の箇所を指摘できるかと思います。「イエスは洗礼を受けると、すぐ水の中から上がられた。そのとき、天がイエスに向かって開いた。イエスは、神の霊が鳩のように御自分の上に降って来るのを御覧になった。そのとき、『これはわたしの愛する子、わたしの心に適う者』と言う声が、天から聞こえた」（三16―17）。同様の言葉が、イエスのご変容の場面でも語られます。「六日の後、イエスは、ペトロ、それにヤコブとその兄弟ヨハネだけを連れて、高い山に登られた。イエスの姿が彼らの目の前で変わり、顔は太陽のように輝き、服は光のように白くなった。……。ペトロがこう話しているうちに、光り輝く雲が彼らを覆った。すると、『これはわたしの愛する子、わたしの心に適う者。これに聞け』という声が雲の中から聞こえた」（一七1―2、5）。イエスは、父の愛する子として、父から遣わされていることが語られます。

もう一つは、ヨハネによる福音書です。これは、最後の晩餐における、イエスの告別説教の一部です。「心を騒がせるな。神を信じなさい。そして、わたしをも信じなさい。わたしの父の家には住む所がたくさんある。もしなければ、あなたがたのために場所を用意しに行くと言ったであろうか。行ってあなたがたのために場所を用意したら、戻って来て、あなたがたをわたしのもとに迎える。こうして、わたしのいる所に、あなたがたもいることになる」（一四1―3）。

イエスがこの世を去ることを告げると、弟子たちは悲しみます。そこで、彼は、自分の代わりとしての聖霊の派遣について語ります。「あなたがたは、わたしを愛しているならば、わたしの掟を守る。わたしは父にお願いしよう。父は別の弁護者を遣わして、永遠にあなたがたと一緒にいるようにしてくださる。この方は、真理の霊である」（一四15―17）。

この「弁護者」（パラクレートス）は、真理の霊とも言われますが、聖霊のことです。このヨハネの一七章は、イエスの取り成しの祈りでもあり、大変魅力的な箇所です。その一つのポイントは、父とイエスが一つであるように、残される弟子たち（人々）もまた一つであるように、というイエスの祈りにあります。「父よ、あなたがわたしの内におられ、わたしがあなたの内にいるように、すべての人を一つにしてください。彼らもわたしたちの内にいるようにしてください。そうすれば、世は、あなたがわたしをお遣わしになったことを、信じるようになります」（一七21）。

このように、多様性を保ちながらすべてを一つにすること、それが、聖霊の特徴であり働きです。その聖霊を、聖書は、「愛」(アガペー)と表現します。

礒山　今のことで、ちょっと補足したいと思います。ブーゲンハーゲン(Johannes Bugenhagen、ドイツの宗教改革者)の調和福音書の中では、ヨハネ福音書一七章の全節が引用されています。今、言及された大祭司の祈りなどは、受難と復活の問題において重要な箇所であり、その点においても、ヨハネ福音書の重要性は際立っていますね。

竹内　ありがとうございます。では、中島先生いかがですか。

中島　聖霊について思い出したのですが、聖霊は、だいたいドームの一番てっぺんや内陣の奥に施されています。そこには始点と終点があって、指向性があるなあ、といつも思っていました。フンタンの天井の鳩だと、それは、上から下に降りてくる、といった動きがあります。内陣の奥だと、奥からこちら側に向かってくるような動きがあります。今のお話を伺って、（ああなるほど、父から子に向かう指向性があるんだな）と教えられました。

竹内　ありがとうございます。では、礒山先生どうぞ。

超越性の表現

礒山　先ほどの教会建築の音楽と全く同じで、天から声が聞こえるというのは、まさに教会において音楽を聴く時の一つの形だと思います。例えば、オルガンの音やアカペラ合唱の音は、やはり、反響して上から下へと降って来ます。その意味は、非常に大きいと思います。宗教性とその霊性は、どの芸術においても求められるものです。人間が、人間を超えて行こうとする働きや、そういったことを求める働きが、様々な芸術において現れてくるのだと思います。

教会のような建物においては、音が降ってくるといった垂直的な伝わり方の効果は大切であり、演奏者が見えない方が感動する、といったこともあります。今の人は、音楽は半分見るものだと思っているから、見える席ばかり取りたがります。しかし、見える席というのは、意外と音は来ません。たとえ見えなくても、もし上から音が降ってくる体験をするならば、それは、一つの宗教音楽の聴き方ではないかな、と思います。

児嶋　今日の話は、一六〇〇年頃で終わってしまいましたが、確かに、バロック美術においても、一六〇〇年を過ぎた頃から、まさに天空に向かって開かれているような絵が描かれていきます。例えば、中島先生が紹介してくださった、イル・ジェズ聖堂（Chiesa del Gesù）のヴォールト天井に描かれたバチッチア（Giovanni Battista Gaulli 通称 Baciccia）の絵や、サンティニャツィオ聖堂（Chiesa di Sant'Ignazio di Loyola）のアンドレア・ポッツォ（Andrea Pozzo）の絵などです。無限の天空が表され、そこにキリストを称揚するとても華やかで躍動的な場面が展開されています。

今日紹介されたアンドレア・ポッツォのように、本当に神業と言っていいような作図法を用いて描かれます。

中島　ビザンツ建築の話が出てきましたが、そもそも、西ヨーロッパにおいてドーム建築が本格的に造られ始めたのは、一五世紀、いわゆるルネサンスの頃からではないかと思います。ロマネスクやゴシックの建築でも、ドームを持った建築がないわけではありません。むしろ、多いと言えます。例えば、ピサの大聖堂、あるいは、ロマネスクだとシュパイヤー大聖堂です。でも、それらは、だいたいビザンツの、いわゆるペンデンティヴ・ドーム（pendentive dome）という形式ではなくてスクウィンチ（squinch）というやり方です。つまり、アーチとアーチの間に斜めのアーチを架けて、その上に八角形の斜めの辺を載せる、という形式です。

ビザンツ建築の方では、六世紀のハギア・ソフィア大聖堂あたりから、ペンデンティヴ・ドームという技法が使われ始めます。それは、口で説明するのはちょっと難しいのですが、コンセプトを申し上げれば、正方形平面の上に円形平面のドームを載せる、といった構造的な工夫がなされています。つまり、正方形平面の四辺に大きなアーチを架けて、アーチの天辺に接するような内接円を平面とするドームを架けるのです。この内接円の円弧と四辺のアーチの円弧に囲まれた三本の円弧に囲まれた部分が、ペンデンティヴと言われます。この技法は、一五世紀頃、イタリアでかなり使われるようになったようです。特に、ブルネレスキ（Filippo Brunelleschi）の教会堂では、ペンデンティヴ・ドームが盛んに使われていて、やはりビザンツ建築の影響があるのかな、と思います。特に初期のドームは、その下部のあたりに、ビザンツ風の窓の開き方が施されています。教会堂の平面の作り方は、例えばバシリカ形式ですと、入口から入って内陣へと向かって行く指向性がみられるもので、これは、ルネサンス以降のドームを持った建築でもそうなのですが、同時にまた、ドームの中心軸に沿った上下の動きも生じています。宗教改革以降ですと、ドームの頂点に白い鳩の表現がみられるようになり、ドームの中心軸に沿った上下の動きの一つの決着として、聖霊のアクションと空間の性質の融合が果たされたのかな、と思います。

宇宙のイメージとしてのドーム

竹内　そのようなドームは、一つの宇宙のイメージを表している、と考えていいのですか。

中島　その辺りの象徴論はなかなか難しいのですが、一般論を申し上げると、教会堂の平面は、集中式平面とバシリカ式平面の二系統があります。集中式は、ドームを中心とした求心的な空間ですが、バシリカ式は入口から奥への指向性の強い空間として立ち現れます。しかし、実際は、集中式の平面はもっと複雑で、ハイ・オルター(主祭壇)をどこに設けるかによって、空間の質は変わってきます。例えば、先ほど紹介されたサント・ステファノ・ロトンドは、ハイ・オルターが中かドームの直下にあったかと思います。そうすると、おそらく、宗教的な空間としても求心性が強いものになると思います。より多いのは、やはり、ハギア・ソフィア大聖堂やラヴェンナのサン・ヴィターレ聖堂のように、入口の反対側に内陣が置かれたものです。そうなると、建築空間としては、求心性は高いのですが、宗教的な空間としては、やはり、バシリカ形式と同じく、入口から内陣へと抜ける指向性の強いものとなります。その意味で、集中式平面は複雑だろうと思います。

ドームは、例えば、ローマのパンテオンのように、キリスト教建築以外でも、宇宙を表現していると言えるでしょう。キリスト教の場合は、さらに、そこに図像が描かれます。キリスト像が描かれますと、これは宇宙なのかあるいは神なのかということになり、私にはなかなか答えにくいものとなります。美術史の方では、どのように説明されますか。

児嶋　東方正教会では、中央のクーポラ（ドーム）の《全能のキリスト》を中心として、非常に精緻な図像体系が聖堂内の壁画全体に規定される例が多いです。これに対して、西ヨーロッパ側のクーポラの装飾においては、特に一六世紀以降、クーポラ天辺のランタンに聖霊を表す鳩のみが描かれるようになり、身廊や内陣の絵はそれぞれ独立した祭壇画であることが一般的となります。一方、ご指摘いただいた集中式のサント・ステファノ・ロトンドは、殉教聖人記念聖堂として創建されたと考えられていま す。なお、この帝政末期に建造されたサント・ステファノ・ロトンドには、トレント公会議の後、初期キリスト教時代の殉教場面が描かれていくこととなります。

中島　お墓の話が出てきましたが、基本的に、集中式平面の教会堂は、その原型として、お墓の建築があると言われています。必ずしもそうとは限らないのですが、やはり、殉教者記念聖堂の形式としては、集中式が相応しい、と建築分野の方では言われています。先ほど挙げたラヴェンナのサン・ヴィターレ聖堂なども、伝統的には、殉教者聖ウィタリス——実在の人物かどうかわからないのですが——の記念聖堂だと言われています。もっと新しい例としては、ローマのテンピエットがあります。これは、サン・ピエトロ・イン・モントリオ修道院の中庭にある、ドナト・ブラマンテ(Donato Bramante)の傑作ですが、聖ペトロが殉教を遂げた場所の上に建っていると言われています。これも完全円形神殿です。

私は、西洋建築史という授業で、よくこの建物を紹介するのですが、この設計を真似してはいけないといつも言っています。なぜなら、このテンピエットは完全円形平面であり、幾何学的に見ると、周りとの関係を取り結ぶのがなかなか難しい平面だからです。今の建築教育の趨勢は、周りの土地の状況を考慮して、ちゃんとその中に納まるような建築を設計すべきだ、というものです。それに対して、あの建物は、計画時はともかく、周りの修道院の建物とは何の関係もないものとして建てられていま す。では、なぜあれが設計として成り立つのかと言うと、やはり、そこで聖ペトロが逆さ十字架という殉教を遂げたからです。そのような宗教的意味が非常に強いということで、あれは成り立っています。この事実に比べれば、あの建物の周りに建っているものは、所詮、中世後期から近世にかけて、何百年も後に建てられたものです。

合理性と非合理性

竹内　そのことと関連して、磯山先生、どうぞ。

磯山　建築の方でも、たぶん、合理性と非合理性についてのテーマは、昔からあったのだろうと思います。バッハに関することで、ちょっと言い足りなかったことがあるとすれば、それは、ルターの音楽解釈に関わることです。バッハ自身の中には、宗教や宗派の違いを超えていくといったものがありました。彼について、今日は、ルター派の典型のようなものとして話しましたが、彼は、それを超えていく存在であり、それは、彼の後期の作品を見る時に特に重要な点となります。バッハの後期にロ短調ミサ曲という作品がありますが、これなどは、より普遍性を持ったものと言えます。だからこそ、現代にまで届くものがあるのだと言えます。

児嶋先生にお聞きしたいことがあります。私は、三年前にオランダとベルギーに行ったのですが、オランダは非常に合理的で、全部人間がやろうとしますが、一方、ベルギーは、例えば大聖堂など、圧倒的に非合理的なものの力を感じます。今日、先生のお話を伺って感動したことがいくつかあります。例えば、ワーグナーの『パルジファル』などは、聖遺物を守る騎士の話なのですが、そこには非合理的なものを感じます。その辺りについて、何かコメントはありますか。

児嶋　聖像や聖遺物に対する崇敬は、確かにカトリック宗教改革において重要な主題でした。それらは合理性・非合理性といった枠組みを越えて、何かしら絶対的・超越的なものにつながったものとして理解できるのではないか、と考えています。バチカンのサン・ピエトロ聖堂は、カトリック宗教改革期にミケランジェロの設計で再建され、バシリカ式から集中式になります。この集中式の中央にあるクーポラの中心と基部からは光が差し込み、その真下、地下奥深くにはメモリア・ペトリ（Memoria petri）と呼ばれる聖ペトロの墓所が位置しています。つまりここでは、地下の聖ペトロの墓所と遥か上方の天空にある絶対的な存在が、垂直的につながっていることが示されています。ミケランジェロはサン・ピエトロ聖堂において、このことを見事に表現し得たといえるでしょう。

竹内　磯山先生のおっしゃる合理性が、人間の理性に適っていることを意味するならば、それは、思想史的に見て、人間の理性が肥大化していくルネサンス以降の啓蒙期のものではないか、と思います。かつて「神秘」（ミステリウム）とされていたものが背後に押しやられ、人間の理性が一人歩きするようになります。ルター自身、かなり「唯名論」（nominalism）の影響を受けていたと言われます。唯名論によれば、存在するのは個物であって普遍的存在ではありません。そのような理解が、中世後期の主流となっていきます。その辺りから、重なるようにして、合理性がクローズアップされていくのだと思います。

存在するのは感覚によって捉えられるものだけである、と考えるならば、おそらくそれは、ある意味で、合理性の世界になるだろうと思います。しかしもしそうでないとするならば、話は違ってきます。先ほども話の中で出てきましたが、ご聖体についての理解なども、思い起こしていいかもしれません。パウロは、次のように述べています。

わたしがあなたがたに伝えたことは、わたし自身、主から受けたものです。すなわち、主イエスは、引き渡される夜、パンを取り、感謝の祈りをささげてそれを裂き、「これは、あなたがたのためのわたしの体である。わたしの記念としてこのように行いなさい」と言われました。また、食事の後で、杯も同じようにして、「この杯は、わたしの血によって立てられる新しい契約である。飲む度に、わたしの記念としてこのように行いなさい」と言われました。だから、あなたがたは、このパンを食べこの杯を飲むごとに、主が来られるときまで、主の死を告げ知らせるのです。（一コリント一一23―26）

共観福音書にも同様の描写がありますが、文献学的には、このコリント書の方が古いと言われています。しかし、ヨハネによる福音書には、このような記述はありません。その代わりに、一三章において、イエスが弟子たちの足を洗う様子が語られます。ご存知のように、足を洗うという行為は、当時、最も身分の低い奴隷の仕事でした。その後で、イエスは、こう語ります。「あなたがたに新しい掟を与える。互いに愛し合いなさい。わたしがあなたがたを愛したように、あなたがたも互いに愛し合いなさい。互いに愛し合うならば、それによってあなたがたがわたしの弟子であることを、皆が知るようになる」（ヨハネ一三34―35）。足を洗うということ、それは、人に仕えることであり、同時にまた、愛することでもあります。

このような話に合理性だけを求めようとするなら、それは難しいでしょうね。聖体やイエスの復活のことについても、同様だと思います。また、イエスの昇天については、次のように語られます。

こう話し終わると、イエスは彼らが見ているうちに天に上げられたが、雲に覆われて彼らの目から見えなくなった。イエスが離れ去って行かれるとき、彼らは天を見つめていた。すると、白い服を着た二人の人がそばに立って、言った。「ガリラヤの人たち、なぜ天を見上げて立っているのか。あなたがたから離れて天に上げられたイエスは、天に行かれるのをあなたがたが見たのと同じ有様で、またおいでになる」（使徒言行録一9―11）。

白い服を着た二人とは、おそらく天使でしょう。天に昇るということは、つまり、父なる神のもとに行くということです。ご存知のように、「神の国」と「天の国」は、意味は同じです。「神の国」とは、神の支配とも言われますが、それは、すべてにおいて神の思いが満ちている状態、と考えていいだろうと思います。

児嶋　確かに、受胎告知のあった家が天使によってナザレからロレートまで運ばれたというのは、かなり非合理的な話だと思います。事実、一五世紀末から一六世紀初頭にかけてプロテスタントはカトリックの迷信として非難していました。しかし、これに対して聖地ロレートを称揚する人文主義者ジャコモ・リッチの文章は、非常に美しく、そして不思議な説得力をもっています。彼は聖母マリアの家が飛来してきたという出来事を、太陽が日々、沈み、また昇ることと同じような奇蹟的な神の御業と説明しているのです。そして、芸術は、音楽であっても美術であっても、また建築であっても、こうした合理的には語れないものを表現するのだと思います。

竹内　そのことと関連して、礒山先生、何かございますか。

礒山　合理性は、一つの人間中心主義ではないか、と思います。しかも、それは、年々ひどくなっていると思います。バッハのテキストには、常に、哀れみの祈りがメッセージとしてあります。例えば、受難が言おうとしているのは、そういうことを引き起こした自分たちの内面を顧みろ、ということです。しかし、そういった気持ちがだんだん脇へ押しやられ、人間の権利のみを主張して、自分にわかるものだけを求めようとする、それが、その後の歴史だと思います。バッハは、一八世紀の半ばに亡くなるのですが、彼の中には、一七世紀の価値観がずっと受け継がれています。また、後期においてミサ曲へとシフトしましたが、そこにも古い歴史につながる要素があります。ですから、私は、一八世紀よりも一七世紀のバロックの方が絶対に面白い、と最近思うようになっています。また、一六世紀や一五世紀の聖母マリアへの崇敬を表した音楽に見られる美しさや清らかさなどは、比類のないものです。一八世紀になると、すごく分かりやすいものとなり、それゆえ、そこには人が集まって来ます。しかし、本当の価値は、そういったものではないと思います。

竹内　そのことについて、先生が評価されるモンテヴェルディと関連して、何か話していただけますか。

磯山　モンテヴェルディは、時代をはるかに越えていました。例えば、『聖母マリアの夕べの祈り』などは、秀逸です。よく歴史上一番素晴らしい曲はマタイ受難曲ではないかと言われますが、私は、ヴェスプロだと思っています。最初は、そのことに気づかなかったのですが、ヴェスプロは、グレゴリオ聖歌に深く根を下ろしています。モンテヴェルディは、バロックの様式を開拓した人です。一方では、ルネサンスのアカペラ合唱のようなものを受け継いでいましたが、もう一方では、それを越えたバロックの劇的な音楽を追求しました。ヴェスプロの中では、ドラマチックな音楽とともに、絶えずグレゴリオ聖歌が流れ続けています。そのような歴史との出会いといった価値観がかなりある、と思います。

竹内　ありがとうございます。残りの時間も後わずかとなりましたが、一つ確認したいことがあります。今日、児嶋先生は、ステンドグラスについてはあまりお話されませんでしたが、あのようなものが造られた一つの理由は、文字の読めない人々のためだったかと思います。絵によって、聖書の物語を語るわけですよね。また同時に、例えば、カラヴァッジョでもいいのですが、あのような芸術作品としての絵画と東方正教会のイコンとを並べたとき、どのようにそれらを理解・鑑賞したらいいのでしょうか。と言うのは、イコンは、単なる芸術作品といった枠を超えて、祈りに直結するものですから。プロテスタントの方では、圧倒的に音楽が展開されますが、絵画の方はそうではありません。例えば、ドイツ文化圏の音楽は、私たちにたくさん紹介され影響も与えているかと思いますが、それは、絵画の方とは対照的のように思われます。

児嶋　正教会ではイコンを通して表される原像が信仰の対象なのであり、イコン自体は信仰の媒体として位置づけられ、敬拝されます。これに対してカラヴァッジョなどによるバロックの聖像では、キリストや聖人の奇蹟の場面や痛ましい受難の場面がリアルかつドラマチックに表現され、観る者に対して実際に目の前で起こっているかのような感を抱かせます。このことにより、普通の人々でも信仰の真理に近づくことができると考えられていました。

プロテスタントの絵画ということで、まず思い浮かぶのは、やはりレンブラント(Rembrandt Harmenszoon van Rijn)ではないかと思います。聖人の奇跡譚や殉教図はありませんが、とても美しく感動的な聖書場面をいくつも描いています。カラヴァッジョの影響を受けながらも、彼はまったく独自の芸術を実現しています。闇は独特のやわらかい深みをたたえ、光は静かににじみでるようです。プロテスタントにおける聖像の在り方については、レンブラントの作品から考えることができるかと思います。一七～一八世紀になると、静物画などに様々な寓意が込められ、そこにはキリスト教的な教訓が表されるようになります。ですから、たとえ聖像を描かなくても、やはり、何かしら目に見える形が欲しいのだと思いますし、それに対応した造形美術も存在しているのだと考えられます。

竹内　ありがとうございます。祈りという行為において、感覚は、とても大切だと思います。もしそれを否定すると、人間の祈りは、理性化というか、単なる知的産物になってしまう危険性があるのではないか、と思います。おそらく、その辺りに、東方正教会におけるイコンの位置付けがあるのではないか、と思うのです。もし、僕が、イコンをぞんざいに床に置いたとするなら、きっと怒られるだろうと思います。なぜなら、イコンは、単なる絵ではなく祈りに直結したものですから。

中島　カトリックの教会堂では、やはり、主祭壇がちゃんと真ん中にあり、かつてのパリのノートルダムと同様に、それは、宗教的象徴物で覆われていました。しかし現在、そういったものは、かなり撤去されています。また、一九世紀のいろいろなゴシック・リバイバルといったものもあります。建築関係者が見落としている点ですが、教会堂を観るにあたっては、第一バチカン公会議や第二バチカン公会議などの影響もちゃんと見ていきたいな、と思います。今日は、そのことについて、いろいろと教えられました。どうもありがとうございます。

竹内　ありがとうございます。それでは、そろそろ時間となりましたので、今日はこの辺りで、シンポジウム、そしてこの講演会を終えたいと思います。改めて、三人の先生方に御礼を申し上げたいと思います。また、今日の講演会にご参加してくださった皆さまにも御礼申し上げます。教会の暦では、そろそろ待降節に向かう時期です。皆さま、よい準備をなさり、喜びのうちに、主のご降誕をお迎えください。どうもありがとうございました。

（文責　竹内　修一）

執筆者紹介

中島　智章　（なかしま　ともあき）

1970年生まれ。東京大学工学部建築学科卒業。東京大学大学院工学系研究科建築学専攻修了、博士（工学）。工学院大学建築学部准教授。

『図説バロック 華麗なる建築・音楽・美術の世界』河出書房新社、2010年。『図説 キリスト教会建築の歴史』河出書房新社、2012年。トレヴァー・ヨーク著『図説イングランドの教会堂』（訳）マール社、2015年。『世界一の豪華建築バロック』エクスナレッジ、2017年。「戦争の間、鏡の間、平和の間の関係の多様性の中にみられるヴェルサイユ宮殿のグランド・デザインへの指向」『日本建築学会計画系論文集』Vol. 83 No.149、2018年。

児嶋　由枝　（こじま　よしえ）

1963年生まれ。早稲田大学修士号、イタリア国立ピサ高等研究院Ph.D. 上智大学史学科准教授を経て、早稲田大学美術史学コース教授。

近著に「中世後期における教皇庁の墓碑彫刻」『教皇庁と美術』竹林舎、2015年。「神聖ローマ皇帝フェデリーコ2世のカプア門彫刻」『ヨーロッパ文化の再生と革新』知泉書館、2016年。"Il porto di Genova e le sculture antelamiche di Fidenza: riconsiderazione della questione provenzale", *Hortus Artium Medievalium*, XXII, 2017.「トリエント公会議後のイタリアの聖母像と日本、インド―大阪南蛮文化館所蔵《悲しみの聖母》を中心に―」『美術史研究』55冊、2017年。"Iconoclasm and Iconophilia in Cistercian Art", *IKON: Journal of Iconographic Studies*, XI, 2018.

礒山　雅　（いそやま　ただし）

1946年生まれ。東京大学文学部美学科卒業。国立音楽大学教授を経て、同大学招聘教授／大阪音楽大学客員教授。その他、日本音楽学会会長、藝術学関連学会連合会長等を歴任。バッハの研究で辻荘一賞（1988年）、『マタイ受難曲』で京都音楽賞・研究部門賞受賞（1994年）。2018年2月22日死去。享年71歳。『バッハの《ヨハネ受難曲》―その前提、環境、変遷とメッセージ』で博士号取得（国際基督教大学）。

『バロック音楽 豊かなる生のドラマ』日本放送出版協会、1989年。『J. S. バッハ』講談社、1990年。『マタイ受難曲』東京書籍、1994年。『バロック音楽名曲鑑賞事典』講談社、2007年。『「救済」の音楽 バッハ、モーツァルト、ベートーヴェン、ワーグナー論集』音楽之友社、2009年。その他、著作・翻訳多数。

竹内　修一　（たけうち　おさむ）

1958年生まれ。上智大学哲学研究科修了、同大学神学部神学科卒業、Weston Jesuit School of Theology（STL：神学修士）、Jesuit School of Theology at Berkeley（STD：神学博士）。カトリック司祭（イエズス会）。上智大学神学部教授。

『風のなごり』教友社、2004年。『ことばの風景』教友社、2007年。『教会と学校での宗教教育再考』（共著）オリエンス宗教研究所、2009年。『愛――すべてに勝るもの』（共著）教友社、2015年。「キリスト教における人間観」上智大学生命倫理研究所『生命と倫理』、2016年。『【徹底比較】仏教とキリスト教』（共著）大法輪閣、2016年。「いのちと平和」上智大学キリスト教文化研究所『紀要』、2017年。「いのちの視座とその涵養」オリエンス宗教研究所『福音宣教』、2018年。

宗教改革期の芸術世界

発行日　2018年10月31日

編　者　上智大学
　　　　キリスト教文化研究所
発行者　大石昌孝
発行所　有限会社　リトン
　　　　〒101-0061　東京都千代田区神田三崎町 2-9-5-402
　　　　電話 (03) 3238-7678　FAX (03) 3238-7638
印刷所　株式会社 TOP 印刷

ISBN978-4-86376-067-7 C0016　<Printed in Japan>

聖書における感情

高柳俊一編　　　　　四六判並製　262頁　本体2800円＋税

森　一弘／柊　暁生／雨宮　慧／岡崎才蔵／石川康輔／江川　憲／泉　安宏／小林　稔／高柳俊一師の論文を収録。

ISBN978-4-947668-49-3

新約聖書の中の旧約聖書

上智大学キリスト教文化・東洋宗教研究所編

四六判並製　170頁　本体2200円＋税

森　一弘／岡崎才蔵／江川　憲／小林　稔／高柳俊一師の論文を収録。

ISBN978-4-947668-54-7

後の世代に書き残す

上智大学キリスト教文化・東洋宗教研究所編

四六判並製　186頁　本体2200円＋税

森　一弘／岡崎才蔵／高柳俊一／江川　憲／小林　稔師の論文を収録。

ISBN978-4-947668-60-8

思いがけない言葉――聖書で見過ごされている文書

上智大学キリスト教文化・東洋宗教研究所編

四六判並製　176頁　本体2200円＋税

森　一弘／雨宮　慧／佐久間勤／小林　稔／高柳俊一師の論文を収録。

ISBN978-4-947668-68-4

さまざまに読むヨハネ福音書

上智大学キリスト教文化研究所編

四六判並製　142頁　本体2000円＋税

川中　仁／武田なほみ／三浦　望／高柳俊一／増田祐志師の論文を収録。

ISBN978-4-86376-021-9

心に湧き出る美しい言葉——福音、ことば、道

上智大学キリスト教文化・東洋宗教研究所編

四六判並製　152頁　本体2200円＋税

小林　稔／森　一弘／高柳俊一／佐久間勤／岡崎才蔵師の論文を収録。

ISBN978-4-947668-83-7

主と食卓を囲む——聖書における食事の象徴性

上智大学キリスト教文化・東洋宗教研究所編

四六判並製　171頁　本体2200円＋税

佐久間勤／江川　憲／高柳俊一／森　一弘／小林　稔師の論文を収録。

ISBN978-4-947668-89-9

洗礼と水のシンボリズム——神の国のイニシエーション

上智大学キリスト教文化研究所編

四六判並製　164頁　本体2000円＋税

佐藤　研／森　一弘／江川　憲／高柳俊一／増田祐志師の論文を収録。

ISBN978-4-947668-99-8

パウロの現代性——義認・義化の教師としてのパウロ

上智大学キリスト教文化研究所編

四六判並製　148頁　本体2000円＋税

高柳俊一／手島勲矢／佐久間勤／宮本久雄／森　一弘師の論文を収録。

ISBN978-4-86376-007-3

史的イエスと『ナザレのイエス』

上智大学キリスト教文化研究所編

四六判並製　180頁　本体2000円＋税

佐藤　研／岩島忠彦／里野泰昭／増田祐志／川中　仁師の論文を収録。

ISBN978-4-86376-016-5

主の恵みを見る——聖書における「見る」と「聞く」

高柳俊一編　四六判並製　262頁　本体2800円＋税

森　一弘／柊　暁生／雨宮　慧／岡崎才蔵／泉　安宏／江川　憲／小林　稔／石川康輔／高柳俊一師の論文を収録。

ISBN978-4-947668-44-8

終末を生きる

上智大学キリスト教文化研究所編

四六判並製　166 頁　本体 2000 円＋税

光延一郎／雨宮　慧／小林　稔／ホアン・アイダル／川村　信三師の論文を収録。

ISBN978-4-86376-026-9

日本における聖書翻訳の歩み

上智大学キリスト教文化研究所編

四六判並製　154 頁　本体 2000 円＋税

佐藤　研／小高　毅／渡部　信／山浦玄嗣／佐久間勤師の論文を収録。

ISBN978-4-86376-033-2

文学における神の物語

上智大学キリスト教文化研究所編

四六判並製　132 頁　本体 2000 円＋税

片山はるひ／佐久間勤／竹内修一／山根道公師の論文を収録。

ISBN978-4-86376-039-4

聖書の世界を発掘する――聖書考古学の現在

上智大学キリスト教文化研究所編

四六判並製　174 頁　本体 2000 円＋税

津本英利／小野塚拓造／山吉智久／月本昭男／長谷川修一氏の論文を収録。

ISBN978-4-86376-045-5

ルターにおける聖書と神学

上智大学キリスト教文化研究所編

四六判並製　156 頁　本体 2000 円＋税

内藤新吾／竹原創一／吉田　新／川中　仁／鈴木　浩／竹内修一師の論文を収録。

ISBN978-4-86376-053-0

慈しみとまこと――いのちに向かう主の小道

上智大学キリスト教文化研究所編

四六判並製　132 頁　本体 1500 円＋税

月本昭男／ホアン・アイダル／竹田文彦／師の論文とシンポジウムを収録。

ISBN978-4-86376-062-2